Yazarın notu:

Algı tüm yönleriyle bazen suskunluğu bazen görülmez bir çığlığı barındırabilir mavi c 14   kendi haliyle
yalıtılmış bir suskunluğun acısını ortadan kaldırmayı hedeflese de esasen bunu hedeflemeyi düşünen
bir profesörün asistanlığında bir kongrede karşılaştığı sunumun belleğinde yer etmesi ve çok ilerde
kendi karısının ölümüyle oluşan bir fikrin peşine düşmesiyle doğmuştur bu yüzden bir öykü ilk kez bir
roman tarafından kapsanacak hale gelmiştir bahsedilmemiş ve bağlantı kurulmamış olsa da mavi c 14
ün doğmasına sebebiyet veren bu sunumun öyküsü : günümüzde yinelenen bir çok algı
operasyonlarından bağımsız belki yine tedavi alanında da kullanılabilecek farklı deneylere yol açabilir
düşüncesiyle ayrı bir bölümde kendine soluk bulmuştur .

POLONYALI MADAM K'NIN ÖYKÜSÜ

MAYIS 2009

Bu öykü yazar Marino Levi nin öğrencilerine verdiği dönem ödevinden
esinlenilerek oluşturulmuştur. Bir mülakatında'' Bir psikiyatri dergisinde

çıkmış, bir psikiyatr tarafından yazılmış "Madam K" adında bir yazı. Şunu söylüyor: Madam K Polonyalıdır. Falanca filanca sayılı tezkere ve tarihte, 1973 yılında aniden hastalandığı Ankara'dan, hastanemize sevk edilmiştir. Kimi kimsesi yoktur. 30 yıldır da bu hastanede bir tek kelime konuşmadan yaşamaktadır.''bahsetmiştir.

Madam Carolin den biricik aşkına...

Suya yazılan kayıplardan...

Yoktun aslında

Gözlerin yoktu

Ellerin yok

Dudakların hiç olmamıştı

Karşılaştığımızda damarlarımda dolaşan senin kanın değildi

Sözlerin kulaklarıma değmemişti

Yoktun aslında

Kalbim hiç o kadar hızlı atmamıştı dokunmamıştı ellerin

Yoktun

Hayır kimi kandırıyorum ben

Doğrusu ben hiç olmamıştım

Yoktun aslında

Hayır, Kimi kandırıyorum ben

Aslında biz bir olmuştuk değil mi?

Yok olan bu dünyaydı

O güzel sesin yine mırıldanıyor

Nefesin yine değiyor tenime

Bak ne güzel masallar anlatıyorsun bana

Hep yanımdaydın aslında değil mi?

Sustukça seni daha iyi duyuyorum, bir de görebilsem

Biliyor musun sadece gülümsüyorum artık

Bir gün ellerini de yeniden tutacağım diye...

NOT:

...Suskunluk çözümsüz sanrıların sonrası ve sonucudur. kendini yansıtmayan dipsiz bir kuyudur .bakan körleşir körleştikçe korkular suskunlaştırır... kendi içinde çığlıkları barındırırken bir yanıyla bir yanıyla dış dünyayla kopan bağları da sarmalar. bir zamanlar çok mutlu olduğu için dondurarak kalbindeki buzhanede hapsettiği en tatlı anıları şekillendirir.kıvranarak kendi etrafında dönen ve gittikçe derinleşen kayıptır .suskunluk huzursuz bir kayboluşun huzurlu sabitliğidir. ruh yokluğa yürüdüğünü algılamanın acısı ile kendini varlığın şekillendirdiği kaderle oyalarken bazen bazı ruhlar yeni hatıraları görmek onları arzulamak yerine huzur bulduğu en son haliyle zamanının görüntüsünü yeryüzünün tüm renklerinde gördüğü kendi yansımasını gözlerindeki donmuş zaman aynasında seyrederek mutlu kılmayı kurtuluş sanır o vakitte suskunluk başlar... Aslında suskunluk kendi lisanıyla çığlıklar atmaktır...

ilk ve son söz...

Gökyüzünden arsızca yağan yağmurun, düştüğü yerde gelincik tarlasına dönüştüğü bir mevsimde ,kendiyle kaybolmuş, sanrılarla kıvranıyordu.gördüğü düşün etkisiyle her an kaybetme korkusu onu dönüp dönüp olanca hırsıyla   tüm belleğini yeniden gözden geçirmeye itmişti .birileri gelip mutlaka içinde sakladığı en güzel anıları ve o anılarla   kurduğu cennetini yok edecekti.biliyordu.kaybettiklerini sayıkladığı gecelerde ,haykırışları sesindeki renkleri almış kimsenin göremediği sözcüklerle sarmalamıştı.yaşadığı bedensel bir cezaevinden çok ruhuyla dolaştığı ve sadece güzel anılarıyla mutlu kıldığı , yıllarca önce kapılarını kızgınlık ve çözümsüzlüklerle kapattığı dünyasıydı.

Umudunu ve sözcüklerini yitirenler için...

1 KAÇAK

Sıradan günleriyle yokluk içindeki odasında yarın ki sınavına hazırlanan adam birazdan değişmeye başlayacak kaderinden habersiz çayından bir yudum aldı. İçeri giren arkadaşının ellerindeki kan onu tedirgin etse de arkadaşının telaşını atmasını ve olanları anlatmasını bekledi.birazdan başlayacakların yazgısı olmayabileceğini hiç düşünme fırsatı bir daha aklına bile gelmeyecekti.arkadaşı elini yıkayıp nefes almadan anlatmaya başladığındaysa soru soracak mecali kalmamıştı .arkadaşı ara vermeden anlatıyordu.arkadaşlarıyla okulda alınan boykot kararını anlatırlarken kimliğini bilmediği bir grup tarafından saldırıya uğramışlardı.çıkan kavgada arkadaşı karşı taraftan birini kalbinden bıçaklamış kaçmıştı.peşinden polisler koşsa da kaybolmayı başarabilmişti.olanları o kadar soğuk kanlılıkla anlatıyordu ki işlediği cinayeti haklı gerekçelerle savunmasına bile gerek yoktu.arkadaşı bıçağı iyice temizledikten sonra ortak kullandıkları bu öğrenci evinde yatağın altına koyduğunda kendisinin de yardım ve yataklıktan ceza giyeceği aklında bile yoktu.romantik bir devrimciydi kavgası yoklukla yoksullukla olsa da karşısına düşman diye aldığı insanlarında onun gibi aynı ideallerle farklı saflarda olduğunu göremeyecek kadar saftı.ülke henüz menfaat gruplarının silahlarıyla kan gölüne dönüşmemişti.hatta ülkenin uluslar arası pazarlarda yem olabileceği fikri bile ülkenin havasında yoktu.saf bir inanmışlık ve inançla gruplaşmalar masum istekler ardında çıkan tartışmalarla kudret toplayan iktidarlar vardı .okumak için geldiği içinden deniz geçen dünyanın tek şehri İstanbul nasıl ve ne şekilde birden bire ona dar gelen bir saklambaç alanına dönüşmüştü anlamıyordu.dahası cinayeti işleyen ev arkadaşı yakalanmamak için saklandığı bir ev de öldürüldüğünde içini kaplayan korkuya söz geçirememiş ağlamıştı ve kendisinin de öldürülen arkadaşının dahil olduğu öğrenciler arasında bir yoldaş kahraman olduğu dillendirildiğinde şaşırmış ve buna bağlı olacaklara inanamıştı.hayatın kendi oyununda perde o kadar hızla kapanıp açılıyordu ki doğruların korkaklaştığı zamanlarda ve fikirlerin tam olgunlaşmadığı ülke de olan o efsane kahraman çıkarma isteği şimdi bu oyunda onun üzerinden bahis oynuyordu.zaman daralmış takip edenler çoğalmış ölüm korkusuyla yeni dahil olduğu grupta hızla yükseltilmek onu fena halde sersemletmişti.arkadaşları ülkeyi terk etmesi yönünde telkinlere başlamışlardı.

Bu planların biri devrim ruhu için komünist ülkelerden birine gitmek ve idealleriyle mutlu bir yaşam sürmek mümkünse oradan davasına destekler bulmaktı.polonya büyükelçiliğin de çalışan bir arkadaşı ona geçici olarak bu ülkede yerleşebileceğini söylediğinde gençliğin verdiği acemilikle aldığı bu kaçış kararını daha kafasında olgunlaştırmamıştı .güvendiği arkadaşının yönlendirmesinin aslında ilerisi için siyasi bir yem olduğunu görememişti.ama hayat onun arada kalan kararsızlığı kadar beklemiyordu. Çoktan Edirne ye oradan sınır kasabası enese ve daha ötesi yunanistana yugostavya, çekostovakya üstünde nihayetinde Polonya da varşovaya uzanan yolculuğu aslında başlamıştı.hiç sormuyor sorgulamıyordu.gençti birden bire gelişen bunca olay içteki güvensizliğe karşı grup içerisinde bulduğu sarsılmaz inançla güven onu bir ağ gibi sarmalamıştı .

Enes şirin bir sahil yeriydi ve üniversitenin yaz kampına orda katıldığında sınırı geçmek isteyen kaçakçıların Yunanistan a buradan gizlice geçtiğini duymuştu. bu kötü planı yapan arkadaşı Ondan sonrası kolay diyordu .trene ulaşacak sınırları kolayca aşacaktı çünkü doğu blok u ülkelerine Avrupa da en kolay geçiş yeri Yunanistan ın Yugostavya ile olan bir kapısıydı.ondan sonrası kolaydı sonuçta oda bir devrimciydi ve inanıyordu ki doğu blok u ülkeleri onu batıdan koparılan bir yoldaş gibi görüp buradaki bir avuç insan içindeki kahramanlığı orda büyük saygı uyandıracak ve onu hürmetle karşılayacaklardı.hayat hep tahminlerin dışında yaşanılan acı tecrübelerle insanı sınar.ve insanlar sınandıklarını ancak çok sonra anlar.adam daha sınırdan geçerken hayal kırıklıkları da onunla gelmiştir.ülkesini terk edenlerin göç edenlerin duyduğu yalnızlık gidilen yerin bilinmezliğiyle birleştirdiğinde insanı aciz kılan bir şaşkınlığa iter.ne rahat geçebilmiştir Yunanistan a nede yugostavya dan bindiği tren hayallerindeki kadar konforludur.hüsranlarla yıkılmış halde Varşova nın soğuğuna ulaştığında aslında yaptığı hatanın da farkına varır.anlatılanın aksine gizli bir göz tarafından takip altında tutulduğunun farkında ve son parasına kadar harcıyacak kadar zorda kalmıştır.tüm yol boyunca o soğukluk ve boşluk hissi geçmiyen bir başağrısı gibi peşini bırakmamıştır.beklediği büyük karşılama hezeyanlar gibi hüsranlarıda peşine takmış üstüne üstüne gelmektedir.dilini bilmediği insanların yüzleri yabancılığın verdiği ürkeklikle birleşince anlamıştır ki kaçmak başka bir memlekette hayat kurmak kendi ülkesinde cezaevinde yatmaktan beterdir.iş işten çoktan geçmiştir düşüncesi tüm pişmalıkları düzeltebilecek çözümleri karartmıştır yüreğinde.olanca fırtınası yoksunluğun mahsun kuşlar gibi göç ettiğini fark etmiştir ki buda inancını sorgulamaya götürecek ilk işareti olacaktı sorgulamaya devam edebilseydi tüm olacakların kendi kendine mırıldanıyordu habire kaçmak memleketinde cezaevinde yatmaktan daha beter be kardeşim ama nafile bir kere çıktık bu yola yolculuğa yürü bakalım neler olacak diye.düşündükçe yolculuğa çıktığı hatta sınırı geçtiğini anladığı andan itibaren tüm bedenini saran üşüme duygusu hep yanında onu sarmıştı.ve geri dönüşü yoktu.masum olmasına rağmen kendi bile artık bir davaya inanç uğruna girdiğini seziyordu.varşovaya ulaştığında farklı bir durum yoktu.bir otele yerleşti yerleşmesine ama parklarda dolaşan bir serseriden farkı kalmamıştı.kimseyle konuşamıyordu.şaşkındı ve parası bitmişti.kendi tercihiyle ilerlediği kaderinde bir şeylerin doğru gitmesi için dua bile etmeye başlamıştı.yabancı bir memlekette tek başına ve yokluk içinde ölmek alabileceği en ağır cezaydı ve bunu yaşamaktan korkmaya başlamıştı.otelden de ayrılmak zorunda kalmıştı. Artık sokaklardaydı ve üşüyordu.

KAROLİNLE KARŞILAŞMA

Soğuk ve buz tutmuş bir Varşova sabahı, şehrin biraz dışında her zaman geldiği o büyük bir parka gelmiş elinde son parasıyla aldığı ekmeğin kalan kırıntılarıyla güvercinleri besliyordu.bir yandan da istanbulu düşünüyor yaz aylarında vapurla Kadıköy e geçerken martılara attığı simit parçaları aklına geliyor içini ısıtmaya çalışıyordu üç gündür kalacak yer bulamamanın verdiği sıkıntı ve içini kaplayan yalnızlık hissiyle boş boş parkta işe gidenleri seyrediyordu.bir an nasıl olduysa anlamadığı biçimde önünden geçen genç bir bayan ayağı kayarak kucağına düşüverdi.şaşkınlıktan tek kelime bile edemiyordu üstelik polonyaca da bilmiyordu ve kız birazda yüzü kızarak bir şeyler söylüyordu.ama kalkmaya bile teşebbüs etmemişti düştüğü duruma gülüyordu.adamın anlamadığını ve yabancı olduğunu görüp bildiği dillerden Fransızca ve İngilizceden kelimeler söylediğindeyse adam üstündeki şaşkınlığı bir an olsun atıp iri gözleriyle bir anda onu bu dünyadan alıp içini ısıtan bir ferahlamaya atan budünyalar tatlısı kıza İngilizce cevap verdi kızın kahkahalarıyla ilk temas sağlandığındaysa başlayan uzun bir arkadaşlığın temeli de atılmış oldu.adamın hikayesini çat pat İngilizce ve beden diliyle dinleyen caroline adamı renksiz dünyasına doğan bir güneş gibi benimsemiş onun Varşova daki serüvenine dahil olmuştu.anne Amerikalı baba Polonyalı olan Varşova doğumlu iri gözlü uzun boylu genç kız adamın artık her sabah beklediği kurtarıcısı olmuştu.beraber geziyorlar beraber eğleniyorlardı.asıl adı caroline olan ve pekte Varşovalıya benzemeyen bu genç kızla dünya yeniden renklenmişti. dar zamanlarda doğan her aşk gibi alevlenmiş bu aşk her ikisinide derin bağlarla birbirine bağlamıştı adam ona devrimci ruhuyla örtüşen nazımın aşkını anımsatan vera ismini takmıştı.vera işinden izin almış adamla ilgileniyordu. kısa zamanda başlayan bu arkadaşlık bir tutkuya dönüşmüş yürüyüşler dokunuşlar ve nihayetinde birkaç zamanlık otel odalarındaki kötü yaşam koşullarına inat vera nın isteğiyle –ki aşk hep başlarda aşığını güzel yaşatır-aynı evde yaşam şekline dönüşmüştü.vera bir an bile ondan ayrılmak istemiyordu ama adam içinde bulunduğu açmazı görüyor bir şekilde bu hayalin kısa süreceğini seziyordu.adam artık yalnızlık hissetmiyor oluşan yeni durumla kendini güvende ve mutlu sayıyordu .korkuları kaybolmaya başlamıştı artık memleketteki arkadaşlarıyla temas bile sağlamıştı. ikinci ayın sonunda mektuplaştığı arkadaşları hakkındaki hükmün kesinleştiğini 2 yıllık bir cezanın artık omuzlarında olduğunu yakalanması için kesin hüküm olduğunu yazıyorlardı.efsaneleşen adı devrimciler arasında hızla yaygınlaşmış parti bu genç adamı kullanabilmek için görevler bile vermeyi düşündüğünü üçüncü ayın sonunda besinci mektupta yazmışlardı.artık partinin yurtdışı bağlantılarında önemli bir kişiliğe dönüştüğünü hissediyordu .farkında olmadığı ise uluslar arası bir bataklığa doğru ilerlemekte olduğuydu. Polonyalı aşkıyla kışı Varşova da olanca sıcaklığıyla yaşarken inandığı davadan başka bir dünyanın da ayaklarına serildiğini görüyordu.içindeki açmaz derinleşirken bir yandan da aşkı onu olanca merhametiyle çoğaltırken diğer yanı ile de memleketinden arkadaşları aklından çıkmıyordu.artık polonyaca ve rusca da öğrenmeye başlamıştı bir lisanın en güzel öğrenilme şekli aşkın güzel ve hızlı öğreten önderliği olsa gerekti.yabancı dili öğrenmedeki başarısızlığı burada inanamayacağı bir başarıya dönüşmüştü.artık bir oyun gibi hızla bu ülkenin dilini öğrenmeye başlamıştı   carolini yetiştiren amcası onun tüm ailesiydi .carolin artık bu yabancıyı ailesi olarak kabullenmeye başlasa da hala sorumluluğu üstünde tutan eniştesi heitzdi. carolin babası öldükten sonra annesine ulaşamadığından eniştesinin bakımında kalmıştı bu ülkedeki tek akrabasıydı ve ondan destek almıştı.carolinin eniştesi heitz konsoloslukta katip olarak görev yapan ve yazışmaları kontrol eden tıknaz orta boylu yanakları votkanın bildik kızarıklığıyla sevecen bir adamdı.istihbarata çalışan tüm çalışanlar gibi o da rusyanın kontrolunde polonyadaki hareketleri izliyordu.istihabartların akışında sıradan bir cumartesi akşamı carolinin sevgilisi olarak tanıştığı bu adamın türkiyedeki devrimcilerin bir adamı olduğunu ve hatta Moskova nında bu adam üzerinden bazı ilişkileri kurmayı planladığını öğrenmişti.polonya dan istenen adamın kaçış psikolojisinde tutularak Moskova ya belli bir zaman içerisinde gelmesinin sağlanmasıydı .heitz carolinin annesine mutluğu konunda söz vermişti.anne giderken babasına ve eniştesine emanet etmişti.heitz yeni oluşan bu durumdan bir hayli rahatsızdı çünkü bu şekilde batı blokundan doğuya geçen insanların sonunda beklediklerini bulamadıklarını ve hep pazarlıklar arasında yok olduklarını biliyordu.çarklar hiçbir vakitte çiçekleri saklayacak kadar doğru mevsimleri taşımıyorlardı.

Aşk öyle tutkuyla sarmaya başlamıştı ki adamı gözleri artık idealerini değiştirip burada bir hayat kurmayı ve geçmişi silmeyi düşündürecek kadar netleşmeye başlamıştı.verası onun tüm yaralarını anaç bir kuş gibi sevinçler ve huzurla sarmıştı.ilk ayın sonunda heitzde durumdan fena halde rahatsızdı kaygıları gittikçe artar bir hale gelmişti carolini bu aşk döngüsünden daha fazla hırpalanmaması için çıkarmak istiyordu adamın mektuplaşmalarından kaderini az çok tahmin edebiliyordu yegenini bu sürecin yok edebileceğini öngörüyordu. bu yüzden adamın da bir an önce içine yavaş yavaş düştüğü bataklıkta yoluna devam edebilmesi için olaylara müdahale etme kararını aldı .aslında adamın Türkiye bağlantılarında yardım ev karşılıklı bilgi akışında bulunabileceği devrim için mutlaka hizmet edeceğini mektuplarda görmemiş ve hatta bunla ilgili o büyük soğuk savaşın devleri ağızları sulanarak bu adamı yem etmeselerdi beklide ona burada varşovada sırf caroli nin hatırı için yaşam kurabilir huzur içinde tehlikeleri bertaraf eder olayları kendi kontrolune alıp hatırlı dostları vasıtasıyla onları koruyabilirdi .belki bir sans yeğeni kaygılarını anlar diye her ikisiyle konuşmaya karar verdi .

Carolin ile konuştuğunda olağan üstü bir tepki aldı.bunu bekliyordu ama ikazını yapması düşüncelerini anlatması gerekiyordu.caroline ilahi aşkından gözleri kör olmuş hiçbir gerçeği görmüyordu .adamla konuştuğundaysa siyasi yapısının aşkının çok ötesinde olduğunu romantik yapısının yaşadığı bu duygusal aşkla maceraya sürükleneceğini görmediğini gördü.iyice düşündü hiçbir ikazı anlamayacak kadar körleşmiş bu aşk yeğeninide adamın sonuna doğru hızla çektiğine karar verdi artık çare kalmamıştı.hızlı bir şekilde istihbarat akışına mudahale edip bir an önce adamın moskovaya gidebilmesi için polonyadaki arkadaşları vasıtasıyla aranıyor durumuna getirecek aynı zamanda kaçması için yardım edecekti.böylece adamın üç ay süren dünyadaki son cenneti aşılmıştı. Bundan sonrası işleyen çarkların affedilmez soğukluğuyla kullanılan bir adamdan başka bir şey olamayacak kendine ait yaşamını dediği gibi devrim için yok etmişti.hayat aslında dinlemesini bilen kulaklara her zaman doğruları bir şekilde fısıldar bazen bir insan bazen bir kuş dile gelir ve olabilecekleri anlatır heitzde başından sonuna kadar bu konuşmada her şeyi ayrıntısıyla her ikisine de anlatsa da genç aşıkların gözü birirlerinden adamın da gözü dünyayı değiştirmekten başka bir şey görmemişti.parkta carolinle akşam yürüyüşüne çıkan adamı polis durdurmuş evraklarındaki bir noksanlıktan ötürü sanki bilmiyormuş gibi paskalya tatilinden sonra- ki bu bir hafta demekti - polis merkezine davet etmişti.birazda ürküterek yaptığı bu çağrıda ufaktan eğer tahmin ettikleri gibiyse bir süre gözetim altında olabileceği fısıldanmıştı.durum heiztse anlatıldığında heizt araştırma yapıyormuş gibi yapmış durumun kritik olduğu belki iade edilebileceğini söylemiş moskovaya gitmesi için gereken ayaralamaları yapabileceğini söylemişti.polonyadaki partiden tanıştığı insanlarda bir anda soğuk birer duvar haline dönmeye başlamışlardı artık adamın bu ülkeden ayrılması gerektiği adamın kalbine sanki kazınmıştı kızgındı ama yapacak bir şey yoktu.soğuk bir duş almış gibiydi gerçekler dahada belirginleşiyordu .iyi ki vardı caroline ve onun eniştesi heizts yoksa ne yapacaktı .polis merkezine gitse süreç iadeye kadar ilerliyebilecekti. Zaman azdı .ve tüm azalan zamanlarda olduğu gibi yine çok karmaşık düşünceler beynini yemeye başlamıştı

AYRILIK

Ağlıyordu vera sı kıyamazdı ona bir şeyler ters gidiyordu biricik aşkı özellikle parktaki polis kontrolünden sonra iyice bir gerginleşmişti bunu hissedebiliyordu Mektupların Ankara ile sıklaşmış olması İstanbul dan yoldaşları büyük bağlantılar için emirler göndermeye başlamış olmalarımı acaba onu verasından uzaklaştırmıştı soramıyordu .yine de onun verası gözlerindeki umutta kendini saklasa da ağzından çıkan güzel dünya idealine sadece adamın söylediği için inanıyordu.aşkı gitmekten bahsettiğinde dünya başına yıkılmıştı.tek güvendiği enişteside ona destek vermişti ve kalmasının çok tehlikeli hale geldiğinden bahsetsede içi kabullenemiyordu illa da Burada kalmasını istiyordu.dünya onunla ayaklarının altında bir paspasa dönmüştü umrunda değildi ne devrim ne ülke ıssız bir adada bir ömür hizmet edebilirdi istese ama adam ısrarla ve kararlılıkla veradan tüm romantiklerin görmediği o metaneti ve geleceğe savrulan idealleri istiyordu.vera kabullenmeden defalarca dönen konuşmalarda siyah saçlarını iri gözleriyle ıslatıyor aşkının kaybolmasına izin vermemeye çalışıyordu.kimseye bahsedememişti üstelik gebeydi .artık adam için aşkın lisanı bitmişti duymuyordu veranın içinde kopan ayrılık fırtınasının kasırgayla tüm ruhunun dehlizlerini yıktığını.verada söylememişti içindeki kan ve toprakla yoğrulan ilahi meyvenin onların bağıyla tutunacağını bu dünyaya.ayrılık adamın (ansızın başlayan Ukrayna da belarus a oradan da Moskova yolculuğu)gitmesiyle tüm yabanıl otlarını ortalığa dökmüştü.vera artık carolindi ve soğuk varşova günlerinin eziyetli hikayesi başlamıştı.soğuk damarlarına dek işlese de içindeki aşk sönmüyor hatta doğacak çocuğuyla daha da bir büyüyordu.adam moskovaya sağ sağlim ulaşmıştı .hatta ne hikmetse bir iki devlet görevlisi daha moskovaya ulaşır ulaşmaz karşılamışlar yer vermişlerdi .mektuplşamalar başlamıştı artık aşkın hastretle olan sınavı gözyaşlarını taşıyordu.içindeki tohum büyürken buna tezat ilk başlarda sık gelen mektuplar gittikçe seyrekleşmeye başlamıştı.veram diye başlıyordu bu dünyada kendisine vera diyen tek canlı

Aşkımızın hayalliyle Moskova ya ulaştığımdan beri rahatım diyordu yoldaşlar diyordu idealler Türkiye bağlantılar diyordu ama önemsiz ayrıntılar dan bahsederken veram diyordu kor bir ateş gibi içini dağlar gibi veram diyordu bir gün mutlaka kavuşacağız üç ayın sıcaklığı 30 senenin hayaline dönüşecek hem de bu sefer Türkiye nin şanlı devrimini beraber ankarada seyredeceğiz diye yazıyordu . mektuplarda istanbul diyordu aşkımızın balayını selamlayacak boğazdan geçen gemiler sırtlarında mum taşıyan kaplumbağalar gibi adalardan bahsediyordu.carolinin hayalinde boğazı seyreden bir pencere artık balayının umuduna dönüşmüş Ankara nın güneşin selam durduğu bir şehir gibi onları cennete götüreceğine inancı aşkını daha da alevlendiriyor içindeki girdabı derinleştiriyordu.her gün dua ediyordu.adamın bu işlerden kurtulup gelip Varşova da kendisini alıp İstanbul a götürmesi ordan da Ankara da mutlu yuvalarına ulaştırması için ve yine dualarına karşılık gelecek diye içinde büyük bir inanç hissediyordu

Adam Polonya dan kaçısını Polonya yoldaşlarının bir kazığı gibi görüyordu.iyi ki heitz var diyordu o Varşova daki tek dostu diye düşünüyordu hem vera sına bakıyor hem de yine zorlu Moskova yolculuğunu ayarlamış hatta ilk bağlantıları bizzat o sağlamıştı.içi gelecek bir zamana ayarlanmış mutluluğu hissediyordu .ayrılırken yine kavuşabilme ihtimaliydi içini rahatlatan heitz bir katipti görünürde çoğunlukla suskun olmasına karşın bu sefer bazen sesli bazen içinden adamı düşündüğünde '' devrimin kendisini kurgulayan bir faktör olduğunu asla anlamıyacak ''diye içinden geçiriyordu.öte yanıyla somut gerçek heitz verayı bu adamdan kurtarmıştı gerçek buydu ve bu sır ise asla gün yüzüne çıkmayacaktı.

Moskova günleri ve mektuplaşmalar sürerken.heitz Polonyanın içinde bulunduğu siyasi ve ekonomik sıkıntıların ilerde yeğeninin kuracağı dünyadaki yerini düşünüp hem de carolinin kendisini iyi yetiştirebilmesi için

Amerikaya gidebilme şansının nerdeyse mümkün olmadığı halde elinde bulunduran carolin i ikna edip amerikaya newyorkta yalnız yaşayan annesinin yanına yolladı.daha önce gitmesine izin vermeyen gizli polis heiztsin yaptığı bu yaralı faliyetin karşılığı olarak bu sefer izin vermişti.rica moskovaya yapılmış Moskova da ödül olarak heitzin isteğini geri çevirmemişti. carolin kızını newyorkta doğurmuştu.heizt söz verdiği gibi Moskova dan gelen mektupların dışarı sızması sakıncasız olanlarını ona gönderiyordu.bir müddet sonrada bu mektuplar durdu. beklenmeyen gerçeklerin her zaman hayatı belirlediği kuralı gibi başta sık gelen mektuplar sonunda belirsiz bir kuyuda kaybolan taş gibi ayrılığa yol verecekti .

Son mektupta Moskova nın yaptığı hamleden bahsediyordu kendisiyle alakalı olarak Ankara hükümetiyle anlaşıldığından ve tuzağa düşürülüp istanbula götürüleceğinden bahsediyordu.ama bir gün mutlaka buluşacaklarından bahsediyordu.sabırlı olmasını istiyordu ama verasının içindeki fırtına gittikçe derinleşiyordu sabır sanki kolaymış gibi ve sanki beklenilen umudun içerde kopardığı bu parça girdap gibi sarmalarken son kez veram diye yazdığında cümlelerin içinde göz yaşlarıyla okunan mektup belleğini iyice derinliğe hapsetmişti .kelimeler carolinin beyninde hatıralarda dönen korkunç taze anılara ve kaygılara dönüşüyordu.bilmiyordu ki caroline Amerika da doğum dan sonra depresyona girmiş aşkına umutsuzca bağlanmanın verdiği ızdırapla uzun psikaytr tedavilere başlanmıştı.annesinin desteğiyle kızı on yaşına ulaştığında ufak hayaller ve korkular dünyasını karabasanlara çevirmeye başlamıştı.moskovadan gelen son mektup satır satır beyninde yıllardır umutsuzluğa itmiş bu genç kadını çözümsüzlüğe öyle bir saplamıştı ki kaybolan renkler hayallerle karışıp duruyordu.bu vakitlerde önce heitz in polonyada ki bir iç karışıklığa kurban gitmesi ardından annesinin ani ölümü carolini bu büyük kentte bir başına bırakmıştı.bu

İntihar fikri ne zaman oluşmuştu bilmiyordu ama gözlerini açtığında bir psikaytr kliğinde uzun süren tedavideydi.kızı yetiştirme yurduna gönderilmişti.tam sekiz yıl süren ağır tedavilerden sonra hala ruhu Moskova da akibetini bilmediği genç adama tutkuyla bağlanmanın verdiği ateşle yanıyordu.bu ateş onu geçmiş zamanın mutluluğu ve bu zamanın hüsranları arasında boğuyordu.ara ara gerçekliği tuttursa da o kadar çok insana hikayesini ve aşkını anlatmıştıki artık susmakve uzaklaşmak onu huzurlu kılıyordu.

Tedaviye direnmenin imkansızlaştığını anladığında düşman gördüğü doktorları ve tüm resmi kişilerden kurtulmak için altı ay süren istenileni yapma moduna kendini almıştı.klinik içinde iyice iyileştiğini düşündüklerinde aslında kadının İstanbul da olmalı diye düşündüğü aşkına kavuşma sürecide başlamıştı.kızı artık bir işe girmiş çalışıyordu.annesini klikten çıkartıp eve getirdiğinde gözlerindeki bu hayalden ve kaderin çizeceği plandan haberi yoktu.kızı yılların özlemiyle birbirlerine zaman ayırmak için bir tatil ayarlamıştı arabayla bir sehayat ti.

Beraber miami ye doğru bir geziye çıktılar aslında bu onların yolda dertleşebilecekleri ve kayıp olan uzun zamanlarını kapatmalarını sağlayacak bir sohbet yolculuğuydu. kızı annesine caroline dediğinde annesinin bana vera de çünkü bu dünyada benden olanlar bana vera der sözü muhabbetin ilk cümlesi olarak otobana düştü.kadın klinikteki tüm yasaklardan kurtardığı beynini ve kalbini kızına bu yolcukta açtı.kızı miami ye vardıklarında göz yaşlarıyla annesinin aşkını selamlıyordu.yüreğin ve aşkın bu dünyayı güzelleştiren sıcaklığını ilk defa görüyordu.üstelik miami güzel bir yerdi bu sıcaklığı biraz daha artırıyordu deniz kumsal vekaldıkları otel odası karşılıklı iç dünyalarını paylaştıkları cennetleri olmuştu.kız babasıyla ilgili merakı annesinin bu dünyadaki son isteği bu adamı son bir kez kollarıyla sarma arzusu olduğunu öğrenmesiyle bir amaca dönmüştü.üstelik kızı annesinin hastalığının doktorların düzeldi demesine rağmen atlatamadığınıda sezmişti.aşkın kavuşmamış halindeki delilik annesinin beynini kemiriyordu.

2 istanbul

kızı işyerinden aldığı bu izini uzatmaya karar verdiğinde güneş otel odasından annesinin yüzüne ilk kez mutluluğun tablosunu çizdiğini görüyordu.ne çok zaman olmuştu bu dünyadaki tek varlığı bu kadın (annesi)hiç tanımadığı ve tanışmak istediği babası evet dedi annesinin saçlarını düzeltirken ben sizi bir araya getireceğim.o sırada uyanan vera sevgiyle gülümseyen bir çift göz görmenin huzuruyla merhaba dedi.

Birlikte yapılan kahvaltıda annesine planını anlattı annesi heyecanını bastırmakta zorlanıyordu öğleden sonra bir tur şirketiyle İstanbul yolculuğu başladığında uçak bulutları düşlerine giden bir sis gibi sarmıştı.üç ayın tutkulu aşkı bir sis perdesiyle kızının sayesinde yeniden canlanıyordu.kabusları bitiyordu.karabasanlarla hayalinde oluşan yalnızlık terk edilmiş duygusu yerini kavuşmaya giden aşıkların sevincine bırakmıştı.uçakta kadın kızının omzunda son 20 yılının en huzurlu uykusuna daldı.rüyasında gittikleri polis merkezinde kocasının henüz cezaevinden çıkmış olduğunu söylüyorlardı eline aşkının Varşova da kendisine bir gün İstanbul da vereceği sevdiği papatyalardan bir demet yapıp doyasıya seviştiklerini görüyordu.çektiği bunca eziyet rüyasında rüya gibi gelmişti.huzurla uyandığında yüzünde yıllardır olmayan gülümsemesi yüzünü yine aydınlatmıştı.artık bşitiyordu hasret eziyet çile adına ne denirse densin aşk vuslata eriyordu.bir daha hiç ayrılmayacaktı gözlerinde keskin bir inanç yüzünde tatlı bir gülümsemeyle istanbulu karşılamalıydı.

Uçak istanbulun üzerinde bir tur attığında aşkının anlattığı boğazın muhteşem görüntüsü aşkına kavuşacağı anki kadar heyecanlandırmıştı koca şehri ikiye ayıran bu deniz sanki adamla arasına serilen bunca sene gibi köprülerle birleşiyordu.her iki yakasında bir sevgili gibi duran birbirini seyreden yaşamlar ve aşkının zindanı kule görünüyordu uçak inene kadar kızı kız kulesinin öyküsünü anlatmıştı ve kadının gözyaşları kısa piste inen uçağın acı freniyle çoktan karışmıştı.istanbulu kokluyordu kadın duyabilmek için sevgilisinin zaman aşımı kokusunu . liseye giderken edebiyat öğretmeni insanlar geldikleri yer gibi kokar demişti .daha ilk adımını atar atmaz sevmişti bu ülkeyi ve istanbulu...

kızına nasılda olmadık yerlerde aklına geliverirdi insanın böyle şeyler .diye söylendi .

Hilton un boğazı gören dairelerinden birine yerleştiklerinde kadın İstanbul un insanı saran eski bir aşk gibi büyüleyen havasına kendisini çoktan bırakmıştı.

Pencereden boğaza bakıyordu.işte diye tekrarlıyordu kendi kendine işte aşkım balayımıza sonunda geldim.

Kızı onu odada bırakmış otele talimat vererek annesini gözetimde bulundurmalarını ve ihtiyaçlarını gidermelerini söylemiş yanına da bir bakıcı bırakarak (40 lı yaşlarda da olsa psikaytr kliniğinden böyle bir yolculuğa çıktığını bildiğinden ne olur ne olmaz diyerek yanına günlüğü 70 dolardan bir bayan tutmuştu) konsolosluk aracılığıyla emniyete gitmişti.her ne kadar emniyet aradığı adamın kimliğini öğrendiğinde yüzünü buruştursa da Amerikan konsolosluğunun böyle bir ricasını kıramazdı.adamın dosyası bir gün sonra bulunmak kaydıyla kız geri geldiğinde annesi pencerenin önünde yüzünda uçaktaki o tatlı gülümsemeyle uyuyordu.

akşam yemeği kısa bir gezinti sonrasındaysa fazla konuşmadan uyumuşlardı.ertesi sabah heyecanla emniyet müdürlüğüne giden kızın yine duydukları akıl almazdı.babası moskova'dan iade edilen ilk mahkumdu.ruslara babası karşılığında bir rus ajanı verilmişti.adam mahkumiyetini çekmek için cezaevine konmuş uzun yıllar süren bir mahkumiyetten sonra afla çıkmıştı malatyada bir alevi köyünde çiftçiliğe başlamıştı.en son kayıtlarda zararsız görülüp takip bırakılmıştı.kız hızla malatyadaki köyün adresini yazmış müdüre teşekkür edip bir an önce babasına kavuşmak annesiye onu buluşturmak ve hep özlemini çektiği aile fotografını çektirebilmek için odadan ayrılmışti fakat odadan ayrılırken babası hakkında hazırlanmış ek dosyayı kapıdan getiren memuru görmemişti .genelde eski mahkumların takiplerinde ek dosyalar emniyette hep olurdu.müdür başka bir görüşme aldığından durumu ancak inceleme fırsatı bulduğunda anlamıştı .farkettiğindeyse hemen oteli aramış annesiyle görüşmüş bu karışıklık için özür diledikten sonra ellerindeki son adres tespitinde adamın Ankara da hayat kurduğunu geçimini çevirmenlik yaparak sağladığını söylemişti.carolinse tüm bu karışıklığı sukunetle dinlemiş fakat adamın medeni durumunu ayrıntı olarak sormuştu .adam hala bekardı.adamın kaderinin kendi kaderiyle aşklarından dolayı aynı olduğuna inancı onu sevindirmişti.gerisi önemli değildi .Nasılsa kızına durumu yine haber ederler diye düşünmüştü.oysa ki kızı otele gitmeden havaalanından gitmiş annesi gezintiye çıktığı için göremediğinden ona iletilmek üzere bir not bırakmıştı .notta

''Anne babamı buldum almaya gidiyorum bir gün sonra ailemiz nihayet aynı sofrada mutluluğumuzu paylaşacağız ''

Kız tüm imkanlarını seferber etmiş bulunmaz biletleri bulmuştu uçak malatyaya indiğinde köye ulaşması bir gün daha aldı.kadın emniyet müdürünü –ki telefonunu bizzat arayabileceğini söyleyen kibar bir adamdı_arayıp kızının babasını almaya gittiğini ama henüz haber alamadığını söylediğinde emniyet müdürü durumu hemen kavrayıp gereken yerlerle temasa geçmiş önce adama ulaşmışlar ve istanbula çağırmışlar sonrada kızın gideceği köy muhtarına telefon açılarak durum anlatıp gelen Amerikalının bir an önce istanbula getirilmesine yardımcı olunması istenmişti.tamda telefonu kapatmıştıki muhtar bahsedilen Amerikalı köye ulaşmıştı.hemen konukseverlikle ağırlanan kız durumun izahı yapıldıktan sonra bir gün sonrasına olan uçağı beklemeden bir araba kiralamış malatyaya getirilmiş ordan eski model bir otobusle istanbula doğru yola çıkarılmıştı .

Kadın üçüncü gün pencereden boğaza doğan güneşin yüzündeki sıcaklığını hissederken emniyet müdürü aramış durumu anlatmıştı .kadın ailesini bir araya getirmenin derin rahatlığıyla o gün devam etmesi gereken ilaçlarını almadı.

Öğleden sonra kısa yapılan bir öğlen yemeğinden sonra bakıcısıyla yeride duramamanın verdiği heyecanıyla oteli gezdi.resepsiyondan onu çağırdıklarında adeta dizleri çözülecekti.emniyet müdürlüğüne çağırıyorlardı bakıcısıyla emanete bırakılan paradan bir miktar alıp taksiyle Emniyete gittiğinde olanca heyecanıyla girdiği binada acı gerçeği öğrendi.

4 suskunluk

Acı ve damarlarından söküp atamadığı yalnızlık duygusu onu kavurmaya başladığında emniyet müdürü yanındaki iki bayan personeliyle konuşmaya henüz başlamıştı.sözcüklerin etkisi yüreğe ulaştığında keskin bıçakların çizdiği kanamaya başlayan yara yüzündeki acıyla karışıyordu.istanbula gelen yolda aynı yönde giden iki araç diyordu resmi kıyafetleriyle müdür bir kaza dan bahsediyordu sanki evet İstanbul a gelirken olan bir kazadan bahsediyordu.iyi de bunun benle alakası nedir neden bana kızımı ve biricik aşkımı söylemiyosun diye mırıldanmaya çalışıyordu ama kulakları da gittikçe zayıflıyordu duymakta zorlanmaya başladı birkaç kez nasıl yani nasıl olabilir desede öndeki otomobilin ön tekeri patladığından yandaki otobüse bindirmişti malatyadan dönen bu otobus bolu dağlarının kıvrımlı inişinde uçuruma yuvarlanmış.yuvarlanırkende kendine çarpan bu otomobili uçuruma çekmişti . ikinci kez mırıldanmamıştı ki müdür son kelimelerini beynine ve kalbine adeta mühürledi.ondan sonra artık önemsizdi işittikleri ruhunu bedeninden yaşam bağları hariç dünyayla koparmıştı.acı hissizleştirerek yüreğini yerinden çıkarmıştı

Kızının babası biricik aşkı otomobildeymiş kendiyle konuşuyordu gözlerinden bir damla yaş akmadan donan suratı içerde başlıyan ve bir daha bitmeyecek fırtınayı işaret ediyordu.kızı otobüsteymiş.....

Dönen hayaller yer gök toprak duvar her şey altüst olmuş gibiydi derin derin soluklanmaya başlamıştı ve ben iyiyim diye odadan kendini dışarı attığında bakıcısı kötü bir şey mi oldu hanımefendi diye seslenerek bir anda olsa düşmesini engellemişti.yavaş yavaş merdivenlerden inerken beyni artık kendinde olmayan bir refleksle gerçeği kuşatmaya başlamıştı. bakıcısına elindeki paradan bir kısmını uzatıp başıyla git işareti yaptığında sansaryan hanın kapısındaki çiçekçi bir buket papatyayı elinde sallayarak madam buyurun diyordu.bir buket papatya koklayarak içindeki gerçekle kopan bağını hayata bağlamaya başlamıştı.evet sevgilisi kendinden önce papatyaları mevsime sunmuştu.kavuşacaklardı bu bir işaretti.

Ruhtaki Fırtına önce olanlara inanmamakla başlar ankaraya gitmeli diye düşündü hemen hayaller ve gerçekler karışmaya başlamıştı orda aşkım bekliyor .kızım gelir nasılsa babasıyla ona gideriz .söylenerek ilerliyordu.onu bu hayal denizinde gerçekle kopmaya başlayan bağı henüz bitmemişti ankaraya nasıl gideceğini bilmemesine rağmen yabancılara yol tarif etmeye meraklı tiplerden biri vapura bindirmiş ordan Haydarpaşa garını gördüğünde inmesi gerektiğini el kol hareketleriyle anlatmıştı bile.vapur boğazı geçerken gerçekte titrek kanatlarıyla onu terk etmeye başlamıştı.tarihi binayı gördüğündeçatışmada mermisi biten son askerin atılması gibi zihnindeki gerçeklikte birden Ankara yoluna giden karaya atılmıştı

Tren istasyonu kendi kalabalığıla geceye hazırlandığında kadının ağzından gişede çıkan son cümlelerde bitmişti.bir kişilik gidiş iki kişilik dönüş bilet Ankara Madam caroline....

Gece tren raylarına düşen sadece kömür parçaları değildi.kor bir yüreğin kör bir talihle harmanlanmış tüm kötü hatıralarıydı.artık zaman kavramını yitiren bir oyuncaktı kavuşmaya gidiyordutrenin tıkırtısı yıllar önce varşovada otel odasındaki karyolanın gıcırtısıyla karışıyordu.yok olan acıların kaybolurken çıkardığı görüntülere benziyordu geçilen şehirlerin parlak ışıklarıyla sakladıkları bir uyanıp bir sönerek cama vuran kendi yüzünün yansıması değildi.trenin camları katılaşan beynine yüreğinin sıcaklığıyla bir kızının yüzünü bir biricik aşkının yüzünü çiziyordu.

Elinde tuttuğu papatya sabahın o gizemli aydınlığına doğru solgunlaştıkça elbisesine düşen parçaları bir madolyon gibi yakasına takıyordu.ankaraya indiğinde elinde solgun ve çoğu dökülmüş bir demet papatya ile sokaklarda şehrin merkezine doğru yürüyen bu yabancı kadının fark edilmemesine imkan yoktu.onu bulan ekip biletteki madam caroline yazısından başka bir şey bulamamışlardı.tüm soruları sorguları karşılıksız kalmıştı.çünkü kadının bu dünyaya ait bir cevabı kalmamıştı. bu şehirde ağzından çıkacak tek kelimenin kırılgan bir camla tutulan sel gibi tüm her şeyi gerçeğin acı veren dünyasında yok edeceğini hissediyordu .gerçeğin ne olduğununsa önemi zaten yoktu

Savcılık sorgusu derken gönderildiği hastanede tek bir kelime konuşmamıştı.bedeninde suskunluk bozulmayacak kadar mahrem bir dünya yaratmıştı .kadın aslında yarattığı kendi dünyasında aşkını bulmuştu. Onunla nerde olsa yaşardı işte hayalindeki hayat ve bu dünyanın gereksiz sözleri arasında suskunluğu aşkını taze tutan çareye dönmüştü.

Hastane

Genç asistanlara kapalı insanların kendi kurdukları dünyalardan bahseden hocaları ilerde bilimsel yayın amaçlı makale çalışması yapacağı hastanenin kideml ve gizemli hastasını göstererek sordu .suskunluk nedir arkadaşlar diye . bankta mutlu ifadelerle gezenleri seyreden terliğine iliştirilmiş kuru bir çiçekle duran yaşlı kadın tüm bunlardan habersiz yine her yıl olduğu gibi kendini işaret eden hocaya gülümsüyordu.hoca asistanların kilişeleşmiş cevaplarına alışkın bir halde yeni bir pencere açabilmek amacıyla devam etti. işte dedi geçen gün kliniğimizde otuz senesini dolduran bu kadın rivayetler haricinde hiç konuşmamıştır.öğrencilerden birinin hayretle nasıl olur insanlar mutlak bir ses çıkarır dediklerindeyse hoca sonuca ulaşmak için beklediği şaşkınlığı yakalamanın verdiği güven dolu ses tonuyla devam etti doğru diyorsun evet arkadaşlar böcekler nesneler bu dünyada olan her şey kendi diliyle konuşur.hasta olarak baktığınız insanlar ne teşhis koyarsak koyalım hastalarımız kendi dillerinde sadece kendilerine ait bir dünyadan konuşurlar...sorunda bizim o lisanı anlamamamızda gizlidir.esas tedavi eğer başarabilirsek bu lisanı çözebilecek kadar duygusal travmaları tanımlayabilmemizden geçer bazen de bizim o lisanı anlamamızda değildir çünkü belki ortada lisandan fazlası koca bir dünya gizlidir .işte o zaman başarı sansınızın çok düşük olduğunu öğreneceksiniz(sanki bunları söylerken kendi içindede vakayı çözememenin verdiği başarısızlık hissi vardır)ve devam eder'' arkadaşlar iki arkadaş bile bir kavgaya tutuştuğunda

Birbirlerini çoğu zaman anlamıyorlar.peki ya ruhuyla gerçeğin kavgasına tutulmuş insanlar '' yutkunduğunda kendisinin bile korktuğu son cümle boğazında düğümlenmektedir .'' ya hissettiği acıları kaldırabilmek ve dayanmak adına kendiyle kavgaya tutulan insanları nasıl değerlendireceğiz .genel bir suskunluk oluştuğunda hoca çantasını almış kapıdan son kelimeleri söylemektedir arkadaşlar size iyi dersler diliyorum unutmayın ...duymamamız onların suskun olduğu anlamına gelmez....

Aradığı cümleleri bulan hoca bilimsel makalesininde ilk kelimelerini birazda edebi bir dille yazmaya koyulmuştur .

MADAM K

Bir vaka sunumu

Tüm suskunlarıyla çekilen acılarını tarif edememiş dünya misafirlerine ithaf olunur

MAVİ C 14

Hücredeki hüzün ışık

''Hz İbrahim Hz İsmail'inden Hz Yakup Hz Yusuf'undan vazgeçtiğinde yani kaderinin ilahi takdir olduğuna kanaat getirdiğinde kurban etmek zorunda oldukları ya da kaybettikleri oğullarına kavuştular. Çocukların kaderi ancak ve ancak onları var eden yüce kudretin elindedir. Ben de kudretin yüce hükmüne bırakıyorum.''

$$f(x) = a_0 + \sum_{n=1}^{\infty} \left(a_n \cos \frac{n\pi x}{L} + b_n \sin \frac{n\pi x}{L} \right)$$

Tüm deneylerin ortak noktası deneyimlerin gerçekliğe olan yakınlığını açığa çıkarmaktır. Deney kendi gerçekliğini değiştirmeye başlarsa olabilirliğini var eden kudretin hükmüyle sorgulanır.

1

Yağmurun gözyaşlarına karıştığı bir akşamüstü Paris'in ara sokaklarından evine koşarcasına giden adam aslında yenilenen kaderine koşuyordu. Yağmur yüzünü ıslatırken o tüm bu olanlara anlam veremiyor kafasında oluşan düşüncelerden kurtulamıyordu. Korkuları ile yüzleşiyordu. Bu güne kadar kariyeri hayatı için verdiği tüm emeklerin birden bire yok olmak üzere olduğunu hissediyordu. Son getirilen denek gayet mantıklı bir adam olmasına rağmen makineye bağlandıktan yarım saat sonra çıldırmış tüm laboratuarı birbirine katmış kabloları koparmış hatta yardımcısını yaralamıştı ancak iki doz sakinleştirici karışım (NAL) yapıldıktan sonra durdurulabilmişti. En son çıkmadan yanına uğradığında hala sayıklıyor bağırmaya çalışır tarzda kasılıyordu. Bu kadar nasıl hızlı haber aldı bilinmez ama kendisine geldiği günden beri tavır alan yabancıların fakültede çalışmasına karşı olan muhafazakâr dekan ile koridorda karşılaştıklarında olayın çok büyük bir olay olduğunu deney denek protokol imzaları atılmış olsa da deneylerinin sonlandırdığını ilk yapılacak yönetim toplantısında tüm ödeneğin kesileceğini hatta bu olaydan sonra gelişebilecek sorunları üstlenmeyeceğini belirterek kibarca işine son vermiş bölümdeki deneyleri durdurduğunu yüksek sesle söylemişti.

Yüzüne çarpan yağmur her zaman yürüdüğü yolda tüm esaretiyle çırpınan bir kuşa dönmüş beynini sakinleştirmeye yetmiyordu. Her zaman uğrayarak ayçöreği aldığı ve bir bardak kahve içtiği pastaneye geldiğinde onu tanıyan garson hızla içerden havlu peçete getirmiş kurulanmasına yardımcı olurken

Ancak adamın kötü bir şey mi oldu profesör sözüyle kendine gelmişti. Garson ters giden bir şeyler olduğunu anlasa da profesör un '' bir Türk kahvesi her zamankinden şekerli olsun ''sözüyle üstelemeden arkaya geçti. Öyle derin sorguluyordu ki kendini gelen kahve bile dikkatini çekmedi. Nerde hata oluştu diye sormuyordu çünkü hataya sebep olmamak için tüm kontrolleri günler öncesinden yapmıştı. İnsan algılarıyla ilgili çalışmaya başladığı günden bu güne dek kusursuz deneyler başarmış konusunda bir hayli ilerlemişti bu yüzden onu buraya getirmişler ilerleyen deneyleri için bütçe sağlamışlardı. Fakülte dekanı bile kendi gibi yabancıların çalışmasına kesinlikle karşı olmasına rağmen yaptığı çalışmaların ve kusursuz deneylerin sonucu ona izin vermişti. Sağlam inançları oldum olası onu böyle durumlarda sabırla ayakta tutmuş olmasına rağmen oluşan olumsuzluk ve fakülteden ayrılması artık bu ülkede çalışmasına

İmkân vermeyecek bir hale dönüşecekti. Kahvenin bildik kokusuyla daldığı düşüncelerden çıkan adam, içini netleşen bir hüzün ve kaybetme dürtüsüyle yağan yağmuru seyretmeye koyuldu. Hep böyle durumlarda bir kahve içer ve boş boş etrafı seyrederdi. Sonrada biraz yürür ve pencerelerini kapattığı bir odada uyurdu. Öylede yaptı kahve bittiğinde adam derin düşüncelerinden sıyrıldı duran yağmurun bıraktığı su birikintilerine aldırmadan eve yürüdü. Gecenin şehre gelmesini beklemeden zaten bulutlardan iyice kararmış olan havanın kasvetine kapılıp uyudu. Kâbuslar ve odasının içini dolduran bir yığın sokak sesinin arasında zaman zaman uyanarak kıvrandı. Ertesi sabah odasının penceresini araladığında güneş tüm bu zihin ve beden yorgunluğunun üstüne bir gün önceki kasveti dağıtacak kadar parlaktı. Hazırlandı bildik yollardan geçerek fakültedeki odasına henüz gelmişti ki asistanı rektörlüğe çağrıldığını söyledi. Sabah kahvesini içmeden oldukça asabi olurdu gerçi ama dün akşamki o kısa ayaküstü konuşmayla dekanın karşısına gergin çıkmayı tercih ederek bölümden ayrılacaktı ki aklına deneyde ki adam geldi o geri dönmeden daha arkadan en genç asistanlardan birinin dün gece ki vakayı kaybettik bilgisiyle sarsıldı. Beyni nasıl olabilir diye çalkalandı. Zaten gergin olan suratı tamamıyla donuklaştı kireç gibi bir suratla sert bir şekilde bölümün kapısını kapatarak yavaş adımlarla yürümeye başladı bir yandan da kendi kendine düşünüyordu. Rektörlüğün ne diyeceğinin önemi kalmamıştı öte yandan beyninde bedene herhangi bir müdahalede bulunmadan algıların düzenlenmesi nasıl bir ölüme yol açabilir diye düşünüyordu. Deneyin gerçekliği deneğin beyninde hangi mekanizmayı işlerliğe itmiş ki ölüme giden kriz başlamıştı. Donuk suratla ilerlerken asistanı arkasından yetişmiş hiçbir şey söylememesine rağmen deneğin gece yaşadıklarını anlatıyordu. efendim diyordu siz gittikten sonra denek uzun bir süre konuşmaya çalışır gibi kasılmalarına devam etti sonra sakinleşti derin bir uykuya daldı ve bir daha uyanmadı biz her şeyin normalleştiğini düşünüyorduk bu uykuda ara ara kalp atımları şiddetleniyor ve EEG'leri anormal hızlı tepkiler veriyordu biz uyku tepkilerine pek benzetmesekte sakinliğini koruduğu için uyumsuzluk görmedik ve ilaç vermedik. Hatta rektörlükle görüşmeniz bitince göreceğiniz gibi ölüm aniden gerçekleşti sanki bir el tüm fişleri çekmiş gibi makineler düz çizgi verdi. Son kelimeden sonra profesör donuk suratıyla asistanına anladım der gibi kafa sallayıp hızlandı. asistan görevini sabah bilgisini vermekten huzur duyarak üstündeki suçluluk psikolojisinden sıyrılmış vaziyette geri kalarak bölüme yöneldi. Bölümle rektörlük arasındaki yolu hiç farkına bile varmadan geçti rektörün odasına geldiğinde dekan ve yönetimden birkaç kişi hararetle tartışıyorlardı. İçeride askeriyeden de bir subayın olduğu gözünden kaçmadı. İçeri girdiğinde rektör kibarlıkla buyurun dedi oturun sanki yüzündeki donuk ifadeden herkes profesörün beyninde henüz kopmaya başlayan fırtınadan haberdar olmuşlardı. İlk cümle yapılan deneylerin askeri makamlarca uygunsuz olduğu ve devam edilmemesi gerektiği şiddetle rica edildiğinin söylenmesi oldu ki dekan araya girerek Fransa okullarının kendi özerk yapısı dahilinde bazen ülke ve dünya güvenliğini tehdit eden çalışmalarda bu tip tavsiyelere uymanın bir mecburiyet olduğunu birazda küçümseyerek belirtti. Rektör kafasını dekana doğru dönen profesörün cevap vermesini beklemeyerek devam etti bu durum dün geceki deneyin yarattığı şokla bizleri de –her ne kadar yasal protokollere uyulmuş olsa da – bu deneylerin devamının finansa edilmemesi kararına götürdü. Sayın profesör mevcut ortaya çıkan durumda bir hafta içerisinde bölümü lav etmenizi ve deneyleri bu saat itibariyle sonlandırmanızı bekliyorum hatta her ne kadar oturum izniniz olsa da tavsiyemiz ülkenize bir an önce dönmeniz ve ölüm olayının yaratacağı hukuksal süreçten bir cinayet zanlısı olarak çıkmamanızdır dedi. Donuk suratıyla dekandan rektörün sözlerini dinleyen profesör hiçbir şey söylemeden yerinden kalktı kapıya yöneldi sadece peki sayın rektör dediğiniz gibi olacak dedi

Rektörlük binasından çıktığında kafasında deneyiyle alakalı sorular başka bir boyuta dönmeye de başlamıştı. Bu kadar özerk çalışan bir üniversitede nasıl olurda deney askeriyenin dikkatini çeker ve müdahale edebilir. ulusal ve dünya güvenliğini tehdit eder hale gelebilir daha ötesi nasıl bir sonuca gitmektedir ki insanların acılarını dindirmeyi düşünürken birden bire bir tehdit unsuru olarak görülür.işte tüm bunları düşünürken dışarıda pırıl pırıl parlayan bir güneş dünden yağan yağmurun yıkadığı temiz çimenlerinden yansıyordu.bir an çocukluğunda koştuğu çayırlık alanlar aklına geldi kafasındaki sorular gittikçe büyürken beyni sanırım ona dayanma noktalarını şimdiden yakalama fırsatı veriyordu.çok bileşenli tüm denklemlerde durum içinden çıkılmaz bir hal aldığında hep düşüncesini sakinleştirmek için geçmişte yaşadığı güzel hatıraları düşüncesine alır beynini kemiren tüm sıkıntılardan biraz olsun kurtulmaya çalışırdı.hiç bir durumda da bu kadar kendini kötü hissetmemişti.en baştan başlamalıydı tıpkı çocukluğunda yemyeşil çayırlarda düştüğünde kalkıp kahkahalarla yeniden koşmaya başladığı zamanki gibi diye düşündü donuklaşan suratı bölüme girdiğinde düşüncesine dirayet veren hayalleri gibi ilk şoku atlatmış normal halini almaya başlamıştı.odasına geçti asistanından kahvesini istedi günlük planlamayı yapmak için içeri giren diğer yardımcılarına toplantı odasını hazırlamalarını ve biraz yalnız kalmak istediğini söyledi .kahvesini tüm keyifle bozmadan içti.hiç bir şey düşünmedi ve odasını baştan aşağıya gözledi .ne vakitler geçirmişti burada kitaplar ortalarda bilgisayar çıktıları bir yanda sonuçlarını deneylerinin günlerce kendiyle tartışmıştı.çoğu zaman hatta eve bile gitmemişti .yorgunluktan kaç gece sabahlamış uyuyakalmıştı.gülümsedi kendi kendine yerinden kalktı ve odanın bir köşesinde duran boş büyük kutuyu aldı içine masasının üzerindeki deneyiyle alakalı özel eşyalarını koymaya başladığında İstanbul da başladığı serüven ve cevabını aradığı o basit soruyu düşündü. Henüz genç bir asistanken insan algıları ve bunun sonucunda yaşanan dramları sorgulamıştı. Algı almaktan geliyordu beyin dış dünyadan aldığı dış dünyanın ona hazırlayıp sunduğu verileri bir şekilde deneyimler ile birleştirip sonuca ulaşıyor ve bu sonuçla duygu dünyası ve maddi dünyasını yeni deneyimler ve yeni algılara doğru yönlendirip gerçekliğini oluşturuyordu. Madem algı almak kökeninden geliyordu o zaman bu verilerin oluştuğu gerçekliği değiştirerek algıların yarattığı sahte dünyalar yaşatılabilir ve hatta algıyla oluşan veriler değiştirilebilir dolayısıyla beynin kimyasal etkilerle oluşturduğu negatif sonuçlar değiştirilebilirdi. İşte soru değiştirilebilirimiydi diye başlamıştı. Bunun için yaptığı basit çıkarım deneyleri onu daha karmaşık sonuçlara götürmüştü ve bunların yayın haline gelmesi Fransa da ki bu üniversitenin dikkatini çekmiş onun bu ülkede geçireceği 10 senesine sebep vermişti şimdiyse bu on senelik ve bir o kadarda İstanbul da geçirdiği serüven bir anda kesintiye uğramıştı. Masada duran iki yıl önce akıl hastalığından intihara sürüklenip kurtaramadığı eski eşinin resmini eline almıştı onu kutuya koyarken bir yandan bu seferde olmadı aşkım acıyı dindirecek o mucizevî çözümü bu seferde bulmam engellendi dedi. Tam bu sırada kapı çalındı içeri sabah ki genç asistan geldi biliyorum efendim rahatsız edilmek istemiyorsunuz ama böyle bir şey hiç olmamıştı askerler bölümün içerisinde ellerinde Paris savcılığının arama izni olduğu halde polis eşliğinde arama yapıyorlar bir baksanız iyi olacak dedi.

Profesör henüz olayların sıcaklığından olacak sürecin gelişimini pek çözümleyemiyordu.dekan daha odasından çıkar çıkmaz aldığı bir telefonla bölüme gelmiş tam profesörün odasının kapısına yönelmişti ki profesör odadan şaşkın vaziyette çıkıyordu ortalıkta birkaç polis ve asker görülüyordu dekan daha bir şey sormasına fırsat vermeden hemen fakülteden çıkmasını ve gidip birkaç hafta dinlenmesini bölümün dün geceki deneyden dolayı yasak bölge haline çevrildiğini geri kalan eşyalarını ve belgelerini üç haftalık incelemeden sonra alabileceğini söyledi ilginç olanı profesörün şaşkınlığının yanında dekanın olağanüstü gerginliğiydi dekanı yıllardır tanırdı sevmezdi ama tanırdı belli ki dün geceki deney ya sonuçları itibariyle yada başlı başına kendisi büyük bir sorun olmuştu ve bu adam bu sonuçlar konusunda kendisini uyaranlar tarafından korkutulmuştu. Peki dedi böyle olmamalıydı geri döndü odadan hazırladığı koliyi alacakken dekan onu da bırakmalısın dedi aranarak çıkacaksınız dışarı dua edin tutuklanmadınız belli ki korkuyu pazarlamaya çalışıyordu kendini korkutanlarca sıkışmış insanların yaptığı olağan bir tepkiydi bu olduğu gibi elindeki koliyi yere bırakıp sert bir bakışla bölümü terk etti .dışarı çıktığında önüne gelen ilk banka oturdu ve kafasını ellerin arasına alıp derin bir of çekti.neydi tüm bu olanlar olağanüstü durum polis asker dekan rektör sabahki toplantı hatta henüz öğlen bile olmamıştı son bir saatte gelişen durum şaşkındı bir yandan ama deneylerinin bir sonuca ulaştığını biliyordu ve bu oluşan sonuç birçok insanı ya korkutmuş yada daha ileri gittiğinde olabileceklerin kendine ait olması istenmemişti evet dedi ben sonuca ulaştım ama bu sonucu görmem bir şekilde ve bir sebepten engelleniyor.kalktı yerinden ve rektörlüğe yöneldi.sabah ki konuşmadan sonra kaybedecek bir şeyi kalmamıştı en azından bunu biliyordu ve şu an ona gerçek bir açıklama yapabilecek tek kişi rektördü.ilk geldiği gün ona içi ısınmıştı babacan bir adamdı ve dekanın aksine ona baya bir yardımcı olmuştu makamını fazlasıyla hak etmesine rağmen kendi gibi labaratuarlardan başlıyan bir kariyer yaşadığı için sorunları biliyor çözümleri görebiliyor ve en azından emeğe saygı duyuyordu. Geldikten birkaç yıl sonrada zaten arada bir iki kadeh içebilecek kadar yakınlaşmıştı.sabah ki tavrını da olağan fakülte yönetiminin baskısından kaynaklanan bir hal olduğunu gözlerindeki bakıştan anlamış o yüzden ses etmemişti.ama artık bir açıklamayı hak ediyordu.yapabileceği çok şey vardı ve bunun için bölümünün

Ona geri verilmesi gerekiyordu bölümdeki polisin akşamki ölümlü deneyi cinayet olarak algılamasından kaynaklandığını tahmin etmesine rağmen askerin ne işi olabilirdi onu çözemiyordu Avrupa gibi bir yerde nasıl olurdu da bir bölüme asker sanki muz cumhuriyetlerindeki fakültelerde olduğu gibi bu kadar hızlı ve etkin girebilirdi onu çözememişti.

Rektörlüğe girdiğinde onu camdan gördüğü belli olan rektör eliyle sus işareti yaparak birazdan konuşacaklarını işaret edip odasına geri girdi.ortada tuhaflık vardı rektör bile çekiniyordu yoksa odasından bir bahaneyle çıkıp koridorda onu beklemez sonrada odasına girmezdi.

Rektörlük katındaki lavaboya yöneldi içeri girdiğinde aynada kendine baktı elini yüzünü yıkadı evet kabus görüyor halde gözleri şaşkındı.dışardan kaba seslerle anlayabildiği kadarı ile kendi hakkında gayet sert sözlerle terk etmesini sağlaması isteniyordu sesler kesildiğinde lavabodan çıktı salona ilerlediğinde rektöründe koridorda olduğunu gördü içeri buyur etti sus işaretini yineleyerek .içeri girdiklerinde eski iki dost gibi konuşmaya başladırlar rektör içeri kimseyi almamaları konusunda kapıya bilgi verdikten sonra olanları anlatmaya başladı.bak dostum ilk bu çalışmalara başladığında ilk yayınlarını okuduğumda seni bulduğumu anlamıştım.sen doğru adamsın ve olayları çözdün sanırım elde ettiğin veriler birilerini aşırı rahatsız edecek düzeyde suçüstü yakaladı ne bulduğunun farkında olmadığını düşünüyorum .sen dün gece algıların üzerinde değişiklik yapmayı başardın.adamın otopsisinde çıkan sonuç belirgin olarak bunu ortaya koydu beyine verdiğin etki kendi kendini kapatmaya iten bir etki olmuş algılarla oynamayı başardın hem de yıllarca uğraşılan algıları sen birkaç saatte değiştirdin bu ne demek biliyormusun evet dedi profesor aynen bunu başarmak istiyordum ama bunun ileriside var biliyorsunuz bu algılar aynı zamanda anılarımızda yaşattığımız kötü duygulanımları da değiştirebilmeli esas benim çalıştığım konu buydu.kendinden memnun olmayan yada acı çeken ve bunun üzerine hayatını bir şekilde obsesyonlarla geçiren insanlara çare olabilmek hayatın normal akışına dönebilecek beyin kimyasına ulaşabileceğimi düşünmekteyim.rektör gülümseyerek biliyorum dedi bilim adamları hep ilk değiştirdiklerinde tarihi bunu hissederler ama bilirmisin insanlık hep gaddardır ve önce bu değişimleri diğer insanları kontrol etmek güç sahibi olabilmek için kullanırlar bu hep böyle olmadımı örnekleri çok nikolayı tesla alfred Nobel bunları artırabilirsin sanırım ilerde senin de adın böyle anılacak ama artık günümüzde iletişimin hızlanmasındanmıdır bilinmez tedbirli davranıp değişimlere el koyan otoriteler son noktada bilim adamlarını yok ederek bulguları uzunca bir süre ortadan kaldırmayı tercih ediyorlar.dostum gitmelisin hem de hemen ilk uçağa atlayıp fransay ı terk etmelisin hep anlatılan medeniyet yalanı modernlik yalanı bak senin algı ile çalışmalarının askeri bir silaha dönüşebileceği kaygısıyla nasıl askerleri fakülteye doldurdu diktatörlüklerde bile bu artık olamıyor oysaki Avrupa nın göbeğinde bir rektör nasılda sıkıştırılıyor .ne olur kendi sağlığın ve hayatın için sözlerimi yanlış anlama der ve susar bu suskunluk aslında ne kadar medeni gibi dursada ilkel zihniyetin insanlığa hükmedebileceğinin ve sömürge sisteminin tüm dinamikleriyle ayakta olduğunu gösteren bir suskunluktu ve yapabilecek bir şey yoktu .profesor kollarını açarak sarıldı rektör koca gövdesiyle ince uzun boylu iri gözlüklü bu türke minnet içinde mümkünse İstanbul da da durma git ufak bir köy bul kendine çiftçilik yap ama ortaya çıkma çünkü bunlar peşini bırakmayacaklar dedi.iki dost ayrıldılar rektör muhasebeden açıktan para isteyip profesor e verdi bu ona yeni bir hayat kurabilecek kadar yüklüydü .gizlice fakülteden ayrıldı yolda sadece kaçmak fikri vardı eve geldiğinde planı hazırdı bir tek çalışmasını bu ülkede bırakmadan ayrılacaktı.hemen hava yolu şirketini aradı akşam için yer ayırdı sonra en sadık ve samimi asistandan gizlice laboratuarına girip sabah doldurduğu kutuyu ve özel çalışmalarını içeren bilgisayarının hard diskini getirmesini istedi.askerler her şeyi kontrole alacaklarını biliyordu ama dosyalarını uzman kişiler kontrolünde götüreceklerini düşündüğünden ve iki makine kullandığından esas işe yarar hard diskin hala sağlam durduğunu biliyordu.asistanıyla havaalanında buluştu evden bir valiz hazırlamıştı.uçağa bindiğinde bağajında tüm insanlık için çok önemli çalışmaları vardı.çok kötü hissediyordu kendini artık kaçaktı çünkü İstanbul a indiğinde kaybolacağı yeri düşünüyordu kafasını dinleyip sonrası için yol haritası belirlemeliydi .olanca yoğunluğu bir günde alaşağı olan hayatı yeniden tutunarak kurmalı ve insanlığın nasıl boş algılarla saçma sapan sömürüldüğünü anlatacak bir yol bulacağını kurmalı ve deneylerini tamamlamalıydı.hırsı öfkesi olanca kudretiyle inancını sorguluyordu.uçağın tekerlekleri memleketinin toprağına değdiğinde hayatında yeni bir sayfa açıldığını düşünüyordu.ilerisi için düşünceleri çok karışıktı.ama kısa vadede uçaktan inene dek bir kaç gün İstanbul da dinlenip sonra da çocukluğunda tatile gittiği Şarköy e geçmeyi planlayıvermişti.ama diğer tüm planlamaları gibi bu da birden gelişen durumlarla değişecekti .

insanın memleketi gibi yok diye söylenerek İstanbul'un özlediği haline kendini bıraktı.tıpkı Paris gibi hafif yağmur çiseliyordu ama hava kasvetli değildi bulduğu ilk bekleyen taksiye bindi kendini bir otele atması ve o yorgunlukla uyguya dalması nerdeyse nefes almak kadar hızlı olmuştu.gece gördüğü kabuslar ve boğulma hissiyle kıvrandı durdu.sabaha yakın daldığı derin uykudan ancak öğleye doğru uyanabildi. Uyandığında bir gün önceki yaşadığı gerginlik yerini tatlı bir boşluğa bırakmıştı. kendi memleketinde uyanmak diye geçirdi içinden eşyaların bir kısmını yerleştirdikten sonra kendini sokağa bıraktı özlediği o kadar çok şey vardı ki kaybetmenin vermiş olduğu hüznü ve başarısızlığını şehir kendiliğinden alıveriyordu.öğrenciliğinde keyifle gezdiği sokakları adımlarken koşturan insanlar satıcılar arasında yavaş yavaş keyfide geri gelmeye başlamıştı. İşte algı böyle bir olay diye düşündü .kendinden olanı bulunca hamuruyla karışınca sıkıntıları ortadan kaldırıveriyor tüm ömrünü nerdeyse bu konuya vermişti.algı cennetin ve cehennemin beyindeki mekanı diyordu..ve ilginç olan dışarıdan gelen biri olarak daha önce bu koşturmaca da kendide yer alırken yürüdüğü tarih kokan yolun ayrıntılarına hiç dikkat etmemiş olmasıydı .şimdi algılarıyla sanki zaman tünelinden geçer gibi keyifle yürüdüğü yol ona rüya hali veriyordu. omzuna yediği sert bir darbe ve ''önüne baksana be adam'' sesiyle kendine geldi koşuşturmaca okadar fazlaydı ki sallana sallana ilerlemek omuz yemeye sebep veriyordu. Parist e olsa tartışırdı.istanbul da uzun zaman verdiği ayrılığın hasretiyle hoşuna gitti özlemişti kendi beynindeki cennetini .bu bir anlık yürüyüşteki gündüz rüyasından adamın omzuyla çıktığında eskilerin at pazarına da ulaşmıştı.anadolu dan gelen halıları satan turistlik eşya dükkanı sahibi bir arkadaşı vardı buralarda hemen caminin yan çıkış kapısıyla bitişik duvarında meydanın şanına yakışır bir isimle hipodrum yazan ilginç bir dükkandı .arkadaşının iç dünyasının renkleri dükkana can veriyordu.eskiden tek katlı bir nalhane olan meydanda satılan atların nallandığı nerden baksanız 400 yılı olan dükkandı.sonradan nalhanedeki ocak kapatılıp değişen zamana uyan ve rengarek hediyelik eşyalarla sunağa dönmüş bir halde keyifli bir yere dönmüştü.alman çeşmesinden ilerlerken geçmişten gelen arkadaşı remzi vay hocam diyerek sarıldığında hayat yeniden onu kendine sarmaya başlamıştı.şehir adeta ona dostların arasına hoş geldin diyordu.

Remzi hemen rengarenk dükkanın ikinci katında kendine kurduğu düş sarayının baş kösesine oturttuğunda çaylar çoktan gelmişti. Koyu bir muhabbetin ardından dinlendiği eski zamanların modern düş sarayı hipodrum dan keyifle ayrılırken remzi kel kafasıyla gülümsüyordu.adam meydandan Yerebatan sarnıcına doğru yürürken yüklendiği güzel duygular sanki bu deneydeki başarısızlığının yarattığı yaraları sarmalıyordu.birden karşıya geçmek isterken sarnıcın kenarında duran şahit taşı fark etti dünyanın merkezindeki taş haritaların dünyanın tapusunun başlangıç noktasıydı.ve maddi dünyanın anlamsızlığını gösterir nitelikte şehir var olduğundan beri tüm haritaları sağlamlaştırmaya yarayan taş ihtiyar bir bilge gibi koşuşturmayı izliyordu.kimse fark etmese de kendi gibi hayata biraz mola verenlerin anladığı dilden konuşuyordu.

Remzinin gözleri boyayan dükkanı bir o kadar şan için yapılan alman çeşmesi sultan Ahmet camii Ayasofya derken sirkeciye ulaştığında adam güneş henüz kendisini geceye bırakmaya başlamıştı.düşündüğü şeyleri algıladığını aslında gerçekliğin bundan çok farklı bir durum olduğunu ilk hayal ettiğinde yine bu yolda yıllar önce yürüdüğünü anımsadı. Ne garip dedi her şey dönüp aynı noktalardan gecen izler bırakıyor .gülümseyerek tren garından içeri doğru farkına varmadan girdi.belli ki eskiden kalma bir dost bulacak gibi içi bir an ürperdi. Hamit babanın mekanıydı buralar onunla karşılaştığı o geceyi hatırladı rakı masası muhabbetin hızıyla kahkahalar patlatılırken usulca oturtulduğu masada hoş geldin evlat sesi hala kulaklarındaydı. İçeri girdi bir masaya ilişti artık içerinin eski neşesi tüm eski müdavimleri birer birer yok olmuşlardı.garsona bir ufak söylediğinde geçmişte kalan rahmetli Hamit babada çoktan masada yerini almıştı. Kimsenin duymayacağı seslerle konuşuyordu nasıl yurtdışına çıkarken akıl almışsa şimdide tuhaf bi şekilde akıl almak istiyor gibiydi.insan dostlarını iyi tanırsa onlar olmadan da onların vereceği cevapları duyardı .rakı yalnız içilen bir meret değildi gerçi hayallinden çıkıp gelen uzun boylu zayıf bu ihtiyar delikanlı kimse görmese de çoktan ona nasihatlere başlamıştı. Takma diyordu evet takma olan her şey aslıyla sorunları da kendi gibi çözer bak diyordu gelmişsin o kadar yolu ve canın sağ işte buradasın memleketinde ben senin yerinde olsam diyordu alırdım bir hatun şöyle rakı muhabbetini bilen giderim egede bir kasabaya krallar gibi yaşardım karıdan sıkılırsan da yenisi çok takmayacaksın bu hayatta bir şeyi sonuçta sen olsan da ilerliyor hayat sen olmasan da.ikinci dubleyi masaya gelen yemekler izlerken yıllardır uzak kaldığı bu ilaç çoktan onu kendine teslim etmeye başlamıştı.hamit baba doğru söylüyor aslında şakası bir yana diye geçirdi.olacak neyse zaten olacak düşünce bir yumurta kabuğuna benzer diyordu bir yerden çatladımıydı bir daha eskisi gibi toparlayamazdı.İstanbul çok karışık hale dönmüştü kaçmalıydı yok yok Hamit babanın dediği gibi tatile çıkmalı ve orda bu deneyin olabilirliğini kurgulamalıydı.bir o kadar yorgun ve gün görmüş yapısıyla uzun boyuyla gençliğindeki yakışıklı halini aratmayacak kadar babacan bu adamın düşüncelerine kıymet vermenin aslında kendine kıymet vermek olduğunu biliyordu

Eminönü 'nün o bildik temaşasına masadan ağır aksak kalkarak kendini bıraktığında düşler aleminde ışıklar kendini içine almaya çalışıyordu.gençliğinde koşturduğu vapurlar arkadaşlarıyla oturduğu galata köprüsü balıkçılarıyla Eminönü dünyanın kaynaştığı bir yerdi. Yorgunluğu yürüyüşünden yüzüne vurduğunda bir taksiye atladı ve otele geri döndü. Uykusunda geçmişte kalan bir sevgiliyle yaptığı o muhteşem son boğaz gezisindeki keyifli zamanlara gittiğinde İstanbul karmaşık belirsizlikteki bu kaderi kendince harmanlamaya başlamıştı .çok uzaklarda farklı bir kader bir gün sonra Hamit babanın sözüne uyup egeye tatile gidecek kaçak durumuna hızla yaklaşan profesör için oyununu kurguluyordu.

Rüyasında gördüğü boğaz gezintisinde okuldan arkadaşı kemalde sevgilisiyleydi.

2

Kemal hafif topluca bir adamdı okulda başarılı olmasa da mesleğinde bir yerlere gelmiş karısı tarafından baya eziyetli bir ayrılık yaşamıştı.ilk tanıştığı yıllarda gayet keyifli ve neşeli olan kemal eski karısıyla tanıştığında tüm dünyadan kopmuş ve uzaklaşmışlardı. Kaç zamandır haber alamamıştı .memleket havasındanmıdır bilinmez geceden rüyasında gördüğü kemalin ofisine gitmek için inanılmaz bir istek duydu.iki dostun karşılaşması her zaman dün ayrılmışçasına olur ya işte öyle biraz yaşlanmış saçlarına kır düşmüş olsa da kemal aynı sıcak gülümsemeyle karşılamıştı.insan yanılmıyor aslında kendindeki yoksulluğu ve yoksunluğu gidermek için içinde bulunduğu çıkmazlardan kurtulmak adına kendinden kaçıyor diye söze başladı nasıl ve ne şekilde olduğunu hala anlamış değildi ayrılığında evliliğinin de.sonuçta algı gerçekliğin yerini alır diye devam etse de kemal illaki algıdaki değişimin insanın kendi iç dünyasındaki deneyimsizlikten ileri geliyor diye itirazlarla uzayan bir sohbet.ofisten ayrılıp kemalin bekar evine giderken yol boyunca evlilik ayrılık boşanma süreçlerini anlatıvermişti dostuna gençliklerindeki gibi kemal mutfağa geçmiş dostuna bir masa donanmış uzayacağı belli olan sohbete bir uçtan başlamışlardı.canı çok yanmıştı kemalin eski eşinden ne yapsa düzeltme şansı yoktu bunu bariz gördüğünden ve hak verdiğinden konuyu kendi deneyinin gelişimine çekti bu ise tüm geceye uzayacak bir konunun başlangıcı oldu

tıpkı fakülteden kalan bir geceydi.her ikisi ninde çok keyif

Aldıkları her hallerinden belliydi böyle bir sohbet dostlar arasında ve özel zamanlarda olurdu ve bu öyle bir zamandı.kaçak durumuna düşmüş bir dosta aradığı cevapları sunmaya çalışan yüreğin çırpınışıydı kemalin hali muhabbet günün ilk ışıklarına dek sürdü havada felsefi dokusu çok fazla hayat algı gerçeklik ve yer değişen yansıyan gerçekler dolandı durdu.yorgunluk gözlerini bağlamaya başladığında önce kemal teslim oldu.dostunun üstüne bulduğu bir battaniyeyi serip hemen yan kanepeye geçti .kendini İstanbul un dışarıdan gelenleri saran sabahın ilk seslerine bıraktığında içindeki umut yavaş yavaş hırsa dönmeye başlamıştı bile.

Öğleyi geçiyordu hatta akşam diyebilinecek bir saate pencereden yüzüne vuran ışıkla uyandı.dostu da belli ki henüz uyanmıştı.istanbul un o bilinen akşam telaşı çoktan pencereden kurulan kahvaltı masasına düşmüştü.yıllar öncesinde de fakültedeyken kurdukları masalar aklına geldi. Uyku mahmuru gözlerle atan bir gülümseyerek ne günlerdi diyerek kalktı.uzun bir gece kahvaltıyla başlayacaktı.

kelimer kahvaltı masasını şimdiden doldurmuştu. kemal masaya bir şeyler koyarken gözleri dalarak arada anlatıyordu ne çok sevmiştim biliyormusun ve herşey ne kadar güzeldi aslında her ne olduysa zamanla kişiliklerimizin uyumsuzluğundan başladı ilk kavgalarımızda onarabilirken birbirimizi zamanla onarmak yerine daha da yaralar hale geldik ve herşey bir noktadan sonra dönümsüz halini aldı kavgada ve oyunlarda ortaya çıkan gerçek kişiliklerimizle hırslar birleşti ve olanca zararla hayatlarımızı kabusa çevirmeye başladı .tanıyorsun zaten bir şey söylemeyeceğim ama sen olmadığın zamanda kavgalarımızda altta yatan psikolojik bozukluğun derinden gelen bir darbeyle sevdiğim bu kadını değiştirdiğini fark ettiğimde yapacak pek fazla bir şeyim kalmamıştı.onu götürdüğüm şu komedi terapi seanslarının her biri yaraları derinleştirmekten ve derinde hazırda bekleyen paranoya ve şizofreni nehir yataklarıyla yüzeye çıkarıp gerçek dünyada tüm hayatını kaplamaya başlamasını

tetiklemekten başka bir işe yaramadı.bir insan saplandığı çözümsüzlüklerde algı
ister istemez kişilik yapısındaki her türlü bozukluğu da dışarıya yansıtarak
yeniden şekillenen bir dünya gözüne bürünüyor zaten insan ilişkilerine de bu
yön veriyor.akşam üzeri yapılacak kahvaltıya bu kadar ağır bir konu profesörü
kendi konusundaki çalışmalarının nelere yol açabileceği konusunda derin bir
dehşete düşürmeye başlamıştı kemalin anlattıkları aslında kendi özelinde
yaşadığı sürecin kısa bir özeti olsa da aslında algı ve alttaki kişilik yapısı
şekillendirilen dünya görüşü buna bağlı ortaya çıkan yapı aslında tamda kendi
deneyini anlatan bir açıklamaydı hayat aslında fısıldar dedikleri bu olsa gerek
eski dostu aslında kendi sıkıntılarını dertleşirken bilmeden tüm deneyin
muhtemel sonuçlarını sorgulayacağı kaçmasına sebep veren sürecin nedenlerine
yönelik ipuçlarını da zihnine bırakmaya başlamıştı .

kemal çayları doldurduğunda İstanbul un akşam renkleri sarmıştı odayıda bu
renkli ışıkların altında gözlerine bakarak profesör seslendi.biliyorsun ben hiç
evlenmedim kemal gülümseyerek bilmezmiyim fakültede yaşadığın aşktan
sonra leyla nın çekip gitmesi bu konuda hayata net bir tavır koymana neden oldu

biliyorum bazı olaylar vardır insana belli bir duruş verir sendede bu gidiş bu
etkiyi yarattı ama hayatına giren insanlardan biriyle en azından hayatı
paylaşmak adına yaşamalısın kemalin sözünü ''doğru söylüyorsun ama
hayatımı şu deneyime adamayı tercih ediyorum.binlerce psikaytr hastası belki
tedavi olacak gereksiz binlerce kutu günler süren onlarca masraflı tedaviler
yerini benim ismimle hatırlanacak bir tedaviyle çözüm bulacaklar'' diyerek kesti

aslında haklısın tüm olayların temelde kurgulanabilirliğini kabullendiğimizde
bir adamın yanlızlığını ve bu yanlızlığın yerini alan derin adanmışlığı daha rahat
çözümler belkide mutluluk yada mutsuzluk diyerek tanımladığımız durumu
açıklıyabilir sonuçta yeniden düzenler bunların hastalıklar olarak görülmesini
engelleyebiliriz.şakın bir ifadeyle kemal dostunun gözlerine bakarak dediğinin
anlamını kavrayabiliyormusun dedi bu dediğini başarabilirsen tek bir insandan
başlar tüm topluluğu dostum bir nevi kontrol alına almış olursun ki bu etik
olarak çok sakıncalı bir durumu doğuracaktır.bu bir silahtır.işte o an profesör
aslında kaçmasının sebebine giden Avrupa nın göbeğinde bağımsız bir
üniversitenin askerler tarafından basılmasını sağlayan öz gerçeği tüm
çıplaklığıyla anladı .bir silah diye tekrarladı kemal ne yaptığını bilmeden
kahvaltıya başlamıştı bile .profesör derin bir düşünceye daldığında sessizlik
batan güneşin sofraya yansıması ve kahvaltı sesleriyle birbirine karışmıştı
.kemal hatırlattığı leyla nın profesörde bu dalgınlığa yol açtığını düşünürken

aslında profesör yaptığı deneyin ve deney aygıtının büyük bir silah olduğunu düşünüyor bu durumu nasıl silah olmaktan çıkaracağını kurgulamaya çalışıyordu.aslında bu dünyada her şey bir silah olarak tanımlanabilirdi.silah yok etmek kontrol etmek veyahut ta korkutmak amacıyla insanların birbirlerine yönelttikleri veya gösterdikleri uyguladıkları şeyin adıydı. Bu anlamda basit bir ilaç bile yeri geldiğinde silah olabilir diye düşündü .tıbbıye den arkadaşı biyolojik silahlardan konuşurken birinde ona basit bir kızamık aşısının bile belli bir zaman sonra silaha sonrada korkunç bir katliam aracına dönüşebileceğini bahsetmiş ve içinde düştüğü bilimsel araştırmanın sonuçta insanların birbirlerini kontrol çabalarıyla onların daha kaliteli olabilecek yaşam tercihleri arasında gidip geldiğini bu sırada bir filozof dostunun her şeyin aslında insanda bittiğini ve niyetin önemli olduğunu mistik bir hikayeyle anlatması neticesinde kendine düşen vazifenin sadece gerçeği bilimsel anlamda ortaya çıkarmak olduğunu anlamasından sonra yeniden çalışmalarına devam ettiğini hatırladı .kemale bakarak haklısın dedi bu bir silah ve aslında bunun ne olduğuna karar verecek olan bunu kullanacak insanlar değil mi dedi

gün batımı denizin üzerinde harika duruyordu.oldum olası bu şehrin geceye hazırlandığı zamanlar aslında çözümünde sunulduğu vakitler olmaktadır

kemal her şey için çok teşekkür ederim biliyorsun İstanbul dan ayrılmam gerekiyor yakın zamanda sana da ulaşacaklardır dedi çayından bir yudum alan kemal haklısın dostum artık birbirine kırılmayacak kadar uzun dostlukları olan bu iki adam geceyi İstanbul u gezerek karar verdiler. Artık her ikisinin derdi sıkıntısı paylaşılmıştır.taksimin herşeyi barındıran dünyanın nadide caddelerinden istiklalde yürürken artık akşam cıvıl cıvıl ara sokaklarda yansımaya başlamıştır.iki dost ne zaman istiklale gelseler bir yerlere oturmadan önce hep caddenin sonuna dek ağır adımlarla yürür ve hatta geri dönmek istemezlerse de tünelde bir yerlerde otururlardı.yıllar insanı değiştirse hayat yorsa da bu cadde asla yorulmayacak kadar enerji barındırmaktadır bu yüzden bu şehri terk etmeden diye söze başladı bu sokakta bir kez yürümek müthiş bir enerji veriyor insana dedi kemal aynen diyerek başıyla onayladı ve devam etti hep tüm ayrılıklarımdan önce bu insan seline bir kez gelir sadece yürürüm ve caddenin sonuna ulaştığımda bir yenilik bir enrji alırım adeta yenilenirim insanı yıkayan temizleyen ve arındıran bir güç var bu caddede sanki kirli çamaşırları külde yıkayarak temizleyen kadınların başlarda karşılaştıkları şaşkınlık gibi bende ilk başta şaşırdım ama bu cadde böyle .yaralar nerde ve nasıl olursa olsun hep bir şekilde kendilerini gösteren acılar normal bir konuşmaya bile davetsiz giren gerçekler insan konuşurken aslında cümlelerin taşımadığı geçmiş yaralarını acılarını da anlatır işte iki dostun bu iki gün yaşadıkları aslında yaralarını gösteren bildiklerini paylaşan ve onların sarılmasına gidecek yolu belirleyen iki dostun muhabbetiydi.gece bildik şekilde akbabaya ulaşıldığında yorgunluk ve rakıyla karışık bittiğinde artık kemal yeni bir başlangıca dayanacak gücü bulmuş profesörse önce Şarköy e gidip anılarındaki tatil kentini ve Leyla nın şimdiki halini görmeye ve egeye gidip bir şekilde gizlenmeyi belirgin bir yol haritasıyla tasarlıyacak plana ulaşmıştır.istanbul her gece farklı bir örtüyle sarar onu güzelleştiren insanları bu gecede bu iki insan kucağında bu şehrin yeni yönler bularak hayatlarında güzelikler şehrini seyrederek güzelleştirmişlerdir.

İstanbul da rüya görmek der bir derviş bağdatı fethetmeye benzer profesor belki alkolun belki muhabbetin belki de üzerinden kalkan baskının etkisiyle hatırlayacağı bir rüya görür .sonunda sahip olduğu herşeyi yitirmenin ızdırabında alt kişilik yapısında sanrılarla psikytr kliniğinde yatan bir hastasını

Kurduğu deney düzeneğiyle(yaşadığı travmaların etkisiyle beyinde ortaya çıkmış kimyasal fırtınadan kurtarabilmek için daha önce ilaçlarla ve elektro şoklarla gittikçe kötüleştirilmiş olan durumunu) önce algılarını değiştirerek kimyasal durgunluğa sonrada yeni oluşturduğu algıyla iç denge ve mutluluğu sağlamış hatta karşılıklı birer kadeh şarap içerken görmüş bir insanı mutlu kılabilmenin tadına varmıştır .işte tamda bu gülümseme haliyle ve gecenin o rengarenk gezintilerle hatıralarınında yer edecek olan İstanbul un yeni bir sabahına uyanmıştır.damağında içkinin o bildik tadı beyninde gördüğü düşün sersemletici etkisi yüzünde tatlı ve uyanmanın verdiği buruk görüntüsüyle kalktı.

Kemal uyuyordu hatta horluyordu. Bu gün kahvaltıyı hazırlamanın daha uygun olacağını düşünerek gece gördüğü düşünde etkisiyle bir yandan da o çok sevdiği hasretlik türküsünü mırıldanarak kalktı yüzünü yıkadıktan ve boğazını temizlemek için bir bardak suyu sanki çölden gelmiş gibi içerek çayı koydu.masayı kurmaya koyuldu .biraz zeytin biraz peynir domates ooo dedi türküyü kesip kemal bu çok güzel bir kahvaltı olacak arada birde sucuklu yumurta yapalım bilirdi kemal oldum olası öğrenciliğinden beri bu kokuya bayılırdı daha yumurtaları kırmadan kemal mırıldanarak kalktı dostum demeye fırsat bırakmayan profesor gel kemal bu gün kahvaltı benden nede olsa yolcu yolunda gerek dost elinde iki gün tüm dertleri bitiriyor kemal henüz uyanmamış halde havada çocukluğundan itibaren kendisini mutluluk veren duygularla uyandıran bu kokuyu çekerek banyoya gittiğinde profesor un dediğini henüz anlamaya başlamıştı .

Kahvaltı keyifle edilen gelecek planlarını içeren bir sohbet şeklinde geçti iki dost yine ayrılık vaktinin geldiğini kalplerinde bilerek tekrar görüşmek üzere ayrıldıklarında istanbul en parlak güneşini denizinde kucaklamaya başlamıştı .

3

Emniyet müdürlüğüne içişleri bakanlığından gelen evrak sabah üzerinden gecenin yorgunluğunu atamamış memurun dikkatini ancak çekmişti ki okur okumaz müdürün odasında soluğu aldı.fransa dan gelen profesorun yakın takibi ve raporun düzenli olarak merkeze bildirilmesi bu konuyla alakalı gizlilik uygulanmasını istiyordu.yazı özel ulakla gelmiş fakat her zaman ki giriş teslimi yapıldıktan sonra üzerindeki ihtimamı kaybetmiş müdürün yardımcılarının birine rutin evrakmış gibi bırakılmıştı.bu konuyla özel bilgi talebinde bulunulmuş düzenli raporların gönderilmesi istenmişti.bu rutin uygulamayı biraz aşan bir durum olduğu gözden kaçmıyordu.mühim bir ayrıntı tüm gelişmelerde hem profesor e yardımcı olunması hem takip edilmesi hem de bu durumun hem profesor hem de üçüncü kişiler sıfatıyla konuya müdahil olacak herkesin bilmemesi isteniyordu. Yani aslında bu yurtdışında suç işlediği zaman şayet bu suç bulunduğu veya vatandaşı olduğu ülke tarafından tanımlanmıyor veyahut ta bilginin değerlendirilmesinde ülke menfaati bulunuyorsa bu karışık şüpheli durumda emniyete bu şekilde bir talep gelirdi.her şeyden önce her ülke ona vatandaşlık bağıyla veya gönül bağıyla bağlı kişiyi korur bu en doğal durumdur .bir babanın evladına sahip çıkması gibi ve hele de bu kadar kıymetli bir profesorun sırf fransa istedi diye yakalanıp teslim edilmesi mümkün bile değildir kaldı ki yıllardır kendi düşman tanımlamalarında yer almış bİr çok kişiyi sırf eski baharat yolunun yerine günümüzün illegal ticaret yolunu kontrol için koruyan bir ülkenin talebi elbette hantal izlenimi verilerek bürakrasi nin dehlizlerinde olgunlaşmaya bırakılır.emniyet müdürü içişlerinin gönderdiği evrakı okuduğunda acemi yardımcısının aksine gülümsedi anladım bakanım diyerek bıyık altı bizim misafirimize iyi davranın ve dikkatiniz üzerinde olsun aman başına birşeyler gelmesin .fransızlar dan ne aldıysa çok kızdırmış olmalı memleketinde adam rahat gezsin evrakı da arşive geçen ay ceza niyetine gönderilmiş ercan a gönderin dedi.müdür yardımcısı polis ercan ın ismini unutmamasının nedeni bu memurun burda olma sebebinin babasına verdiği söz olmasıydı.bu söz üzerine karakol karakol dolaştırılmış en son en uygun yerin binanın bodrumunda arşiv odası olduğu karar verilmişti.babasına verdiği sözüyse ancak dostları biliyordu.evrakı gönderirken de üzerine uzaktan izleme görevi ercan a verilmiştir diye not düştü.uyumsuzluktan gelen bu memurun aslında çok iyi bir arkeolog olduğunu sicil dosyasından öğrenmiş onu arşive aslında birazda korumak amaçlı göndermişti.

Ercan tüm gün çok nadir bir kaç memurun dosya almak için indiği arşivde sıkıntı içerisinde okuyabileceği bir çok kitabı almış vakit geçirmeye çalışıyordu.

Yukardan kendi takibine verilen arşiv evrakını aldığında günlerin verdiği sıkıntı birden dışarı görevi olduğunu anlamasıyla keyiflenerek oh be kurtulacağım bu izbeden diye söylendi

Görev kağıdını yazıp bir yandan müdüre çıktığında keyfine diyecek yoktu.bak ercan dedi yol harcırahın her ne lazımsa hepsini al bu profesörü uzaktan takibe al bizim için önemli olan yerinin bilinmesi ve başına bir hal gelmemesi şayet fransızlar için bu kadar kıymetliyse ve bizim içinde öyle olması gerekir .hadi bakalım kolay gelsin ercan emredersiniz müdürüm diyerek odadan büyük bir sevinçle çıktı .öncelikle istihbarata gidip tüm bilgileri bir dosya halinde aldı ve kendine sabah görev kağıdıyla teslim edilen evrakla beraber emniyet binasından ayrıldı .bundan sonrası profesöre bağlıydı o nereye giderse Ercan da bir gölge gibi bulunduğu bölge birimleri vasıtasıyla günlük raporlarla takip edecekti.

Bir iki arkadaşına uğrayıp eve gelen ercan öncelikle profesörü tanımak için dosyasında bulunanları okumaya başladı .adam öncelikle çok başarılı diye içinden geçirdi ve okudukça yazılanları hayranlıkla vay be diye söylendi .

Başarılı bir öğrenim hayatı pırıl pırıl bir geçmiş hiç bir sabıka kaydı yok Fransızlar ın gönderdiği evraktaysa klinik şefliğinden birden bire cinayete sebebiyet ve aranma emirleri üst düzey gizlilikle yakalanması vs Ercan ın kafası karışırken profesöre karşıda bilinmez bir ilgi duymaya başlamıştı üstelik adamla da oldukça fazla ortak yanları vardı. Arkeoloji geçmişe merak ve algı üzerine çalışmaları mevcuttur normalde polis olmasa böyle bir adamla saatler sürecek bir muhabbete girebileceğini sezinlemişti.sırf merakından böyle zamanlarda yasak olmasına rağmen takip ettiği kişiyle tanışır kendini polis olarak değil de arkeolog kimliğiyle öne sürer ve bu sezgisini teyit ederdi sanırım diye içinden geçirdi şimdide tanışmalıyım ilginç olacak diye düşündü.

Profesör kemalden ayrıldıktan sonra İstanbul un kendi gizemlerini barındırdığı sokaklardan yürürken aklına daha Paris ten yola çıkarken koyduğu Şarköy e gitmeli bir kaç haftalığına sonrasına bakarız düşüncesini yürürlüğe koydu.artık kaçmanın ötesinde neden kaçtığını da çözeceği bir istanbul molasını atlatmıştı.

Otele geri döndüğünde eşyalarının karıştırılmış olmasından takibin devam ettiğini anladı.anlaşılan o ki buradan da hızla ayrılmalıydı eşyalarının özellikle dökümanlarının hiçbiri alınmamış olması Fransızlar ın neyin peşinde olduklarını buradaki ekibin anlamadığını düşündü.oysa ki aramayı yapan istanbul emniyetinden bir ekipti ve burada olduğunun farkındayız mesajı vermişlerdi.

Hiç duraksamadan otel lobisinden hesabı kestiğinde mesaj polis Ercan a ulaştırılmıştı.

Şarköy sessiz sakin kaybolmuş dünyanın şirin kasabası çocukluğunun tatil mekanı yazlıkçıların uğrak yeri şimdilerde emeklilerin rağbet etmesine rağmen hala o sıcaklığını koruyan bir yerdi.yolculuk uzun sürmemesine rağmen profesör anılarında değişen yol çizgileriyle kendine doğru ilerliyordu.aslında bu bir iç dünyasında tüm olumsuzlukları değerlendirme molasıydı.kiraladığı pansiyonda ilk geceyi hiçbir şey düşünmeden atlatmış sabah kahvaltısının ardından kendine bir gölgelik bulmuş çocukluğunda kalmış geçmiş anıları tartarken bu arada profesör yeniden deney kitabına dönmüştü en baştan her şeyi okumaya notlar almaya başlamıştı.algı kontrol edilebilen bir mekanizmaydı yıllar önce bu notu yazdığında tüm bu deneylerin başındaydı eline aldığı kağıda yine aynı cümleleri yazdı .algı kontrol edilebilen bir mekanizmadır.

Sonra notlarını okumaya tamamen olayların ve sürecin dışında kalarak sanki bu deneylerle uğraşan başka bir öğrencisi de ona bakması ve bilimsel olarak teyit etmesi için getirmiş gibi notlar almaya başladı.zamanı umursamadan aldığı notları tüm detayları irdeleyecek kadar kısa ve özel seçerek yapıyordu.evet algı kontrol edilebilen bir mekanizmaydı ve ekledi kontrol mekanizmaları algılayanın iç dünyasını değiştirerek onu yeni bir ortama ulaştırıyordu değişen iç dünya dışarıda aslında değişmeyen somut verileri değişen bir karmaşadan düzenleyici bir hale değiştiriyor ve tepki veriyordu aslında bu tepki de zincirleme başlayan bir reaksiyon gibi fiziksel kimyasal ve düşünsel kısaca yaşamsal tüm fonksiyonları etkileyen bir hal yaratıyordu.bir yerlerde okumuştu donarak ölmekten korkan bir kişi yanlışlıkla kasası buzhane olan bir kamyonetin kasasında kaldığında buzhane çalışmamasına rağmen havasızlıktan ölmesine rağmen fizyolojisinde donarak ölmüş gibi belirtiler rapor edilmişti işte bu basit olguda beyindeki donma korkusu çalışmasa bile buzhaneyi ona soğuk algılatmış beden bu yalancı soğuğa karşı reaksiyon vermişti.tıbbi olarak yüksek ateşten sonra vücudun soğuması ve titreyerek şokun doğması aslında savunma mekanizması olarak görülse de algı vücudun aşırı ısınmasını istediği olan soğuk ortamı oluşturmak için ortaya çıkarmaktadır.aklından geçen tüm bu karmaşık mekanizmadan sonra ikinci notu altını çizerek yazdı .algı insanın kendi deneyim ve duygulanımlarının fazlalığı ile ters orantılı olarak dışarıdan kontrollere açıktır. tüm yeni algı durumları öncelikle içeride bireyin beyninde tartılarak gerçekliği sorgulandığından ne kadar dünya deneyimi kültürel seviye ve duygulanımları hassas ise verilen algı değişimlerini değerlendirmesi yüksek olumsuz yönde kendi dünyasını değiştirecek tepkileri ise yavaş olur .sıcak suya düşen kurbağa hemen fırlar bu güçlü ve tipik bir algıdır lakin su yavaş yavaş ısıtıldığında kurbağanın tepki vermesi zorlaşır.aynı kurbağa içsel bir dünya oluşturacak zihinsel fonksiyonlara sahip olsaydı deneyimi ne kadar yüksek olursa suyun ısındığını o kadar erken fark edebilecek ve fizyolojisinin değişmesine müsaade etmeyebilecekti.bu arada uzakta gökyüzündeki martı dikkatini çekti notlarını kenara topladı .uzun bir zaman geçirmişti ayakları uyuşmuştu bir yandan gerinerek bir yandan martıyı izleyerek şehre baktı insanlar öğlen sıcaklığını atlatmış yavaş yavaş başlayan serinliğin etkisiyle sahildeki caddeye şenlik vermeye başlamışlardı. Acıkmıştı caddede yürümeye başladığında genç yaşlı bir çok insanın sıralar halinde Şarköy ün sahil caddesinde yürümeye başlaması çocukluğundan kalma memleket özlemini gidermesine yetmişti .

Polis memuru Ercan profesör un Şarköy kaçamağına bayılmıştı bekar olmanın verdiği avantajı da değerlendirerek kendi gibi bekar Şarköylü bir arkadaşının evine gelmiş tüm gün pansiyondan çıkmayan profesörün aksine kumsalda güneşlenmiş yıllardır tatile gidememenin hıncını almıştı .sıradan bir takip olacağını çoktan anlamıştı adamın bir yere gideceği biriyle görüşeceği yoktu zaten birkaç arkadaşı da ona bu konuda yardım edecekti dolayısıyla bu tam bir tatildi kafasında netleştirdiği gibi tüm bu görev kısaca profesörün başına bir şey gelmemesi üzerineydi. onun için ama şu içindeki fakülteden kalan merakı ve adamın dosyasını okurken kapıldığı merak yüzünden tanışma isteği tüm görevi altüst edebilirdi neredeyse az ilerisinde mutlu gülümser bir surat ifadesiyle yürüyen profesör un yanına gidip öylesine ulu orta muhabbete başlayacak gibiydi.her ne olduysa akşamı karşılayan bu kalabalığın içinde oldu .profesör kollarını yanlara açarak durdu.ercan yolun kenarındaki büfeye yönelirken göz ucuyla da izliyordu.

Pariste bu sıcaklık yoktu insanlar yine selamlaşıyorlar bazı caddeler yine bu kalabalığa benzer bir haldeydi ama yoktu işte sanırım kendi dilinde kendi sıcaklığındaki yabancılığın verdiği bir histi bu burası gibi değildi .bunları düşünürken birden karşısında yıllar öncesinden ilkokul arkadaşını gördü yanılıyor olabilir miyim diye düşünmeden her iki yana havaya kollarını kaldırarak şaşkınlıkla Osman dedi sanırım profesör değişmiş olacak ki Osman kendine kollarını kaldırarak heyecanla seslenen adamı tanımamıştı ki birkaç adıma Ahmet dostum diyerek kucaklaştı.

İki eski arkadaş akşam yemeğine sessiz bir sahil lokantasındaydı nereden nereye diye başlayan rakının balıkla zaman yolculuğuna ulaştığı sıkıntılardan uzak geçmişin anılarıyla dolu bir gece sabah kahvaltısı için sözleşilmiş halde sarhoş vaziyette sonlanmıştı iki dost tüm sevinçlerini masaya yığmış üzüntülerini ve sıkıntılarını görmemezliğe atıp sonra konuşuruz diyerek 40 yılın açığını kapatmaya çalışmışlardı.neydi be Osman hadi be Ahmet masada ençok dökülen kahkahaların sebebiydi.kızlar hocalar çekilen kulaklar çıkılan keşif gezileri Anadolu daki ilkokulların toplanan hayallerindendi kendini yatağa bıraktığında biliyordu ki yıldızlar çocukluğundaki yerde değillerdi ama biliyordu ki bu gece sanki aynı yerden gülümsüyorlardı.

Ercan profesörün bu gece daha çok sevmişti kahkahalarına eşlik etmese de onları baş başa bırakıp Şarköy ün kendi halindeki eğlencesine katılmış gençliğinde özlediği günlere geri dönmüştü.kafasında ise bu ilginç adamla tanışmayı kesinlikle oturtmuştu.

Sabah kahvaltı için sözleşmişlerdi gerçi ama profosör ün gözlerini açtığında güneş öğle üzerine yaklaşıyordu dünden kalan notlar savrulmuştu masanın üzerinde biraz sabah mahmurluğu daha yataktan kalkmadan biraz göz atma isteği duydu kalemi alıp kaldığı yerden devam etti .

Algı günümüz insanlarının gerçek ve gerçeklik tanımlamalarını yaparken en çok yanıldıkları alan ihtiyaçları olmamasına rağmen mülk edinme hırsına girmelerinden günlerce kapalı kalıp belki hiç bir zaman tadını çıkaramayacakları şeyler peşinden koşmaları ve hatta daha ilerisi ülkelerde siyasi akımlar bile bu algının ayarlanabilir olmasından etkilerinden faydalanılarak toplum mimarilerinin en güzel işlerinden biri olarak devam etmektedir .kalemi bir an bıraktı ve sersem kafayla yazdığı bu cümle biran içini ürküttü algı üzerine onca deney yapmasına ve kimyasal reaksiyonlarıyla ölümle sonuçlanmış bir deneye kadar gelmesine rağmen ilk kez bu şekilde düşünmüştü hiç bu olayın insanların duygulanımlarını değiştirip psikyatr tedavisinin dışında toplumların ruh durumlarını değiştirip onları yönlendirebileceği aklına gelmemişti.nedenini sorgulamaya bile gerek yoktu çünkü dün gece ki muhabbetin etkisindeydi osman hala gençliğinde olduğu gibi düşüncesinde farklılıklar yaratabilecek etkilerde bulunmuştu hatta eğlenirken bile vay be dedi kendi kendine osman gene yaptın yapacağını...banyodan çıktığında Osman ın aşağıda olduğu haberini resepsiyon iletmişti.

Notlar yine aynı vaziyette bırakılarak tatlı bir gülümsemeyle Osman ile buluşmaya aşağıya iniyordu.bir yandan da son yazdığı notu ve Osman ın etkisini düşünüyordu algının temel dayanağında en büyük katkıyı görsel etki sağlıyordu ki bu günümüz toplumların yönlendirilebilirliğindeki görselliğin payını açıklayabiliyordu.şimdi oldu neden fransız ordusu kürsüyü basmıştı ve kaçak durumuna düşmüştü.evet sadece deneyin etkisi bunu yapabilirdi.başardığını anlamıştı ordu sadece ölümle ilgileniyordu ve silah olarak görmüştü bense diye geçirdi bunun yaşamı ve çekilen acıları düzeltmek için kullanacağım.

Osman aynı sevecenlikte Şarköy deki en güzel manzaralı kahvaltıyı arkadaşına sunuyordu.muhabbet artık duygusal dünyaların karmaşasına doğru ilerliyordu ve profesör Osman ın tüm görünen yüzünün ardında son tatilini yapan bir adam olduğunu sezinlemeye başlamıştı.karısı terk etmiş işleri ters gitmiş batmıştı parasızdı ve son parasıyla buraya gelmiş bir kaç gün içerisinde dönecekti sonrası muhtemelen bu çöküntü içerisinde intihardı profesör bu hali çok iyi bilirdi ve Osman ın atlatamayacağı bir süreç geçirdiğini anlıyordu.anlatıyordu osman sanki vedasına bir şahit bulmanın rahatlığı içerisinde dostum ne iyi oldu seni gördüğüm kaderin son cilvesi bu olsa gerek şahit olmanda yarar var yaşanılanlara diyordu.ve yaşadıklarını uzayan ve neredeyse öğle yemeğiyle birleşmeye başlayan sohbette anlatıyordu.depresyonun en dibinde birden sağanak haline gelen konuşma ve susma nöbetlerinin birinde konuşma nöbetine tutulmuştu.bir çok olayı aynı anlatmaya çabalıyordu.profesör sadece tastiklemek ve başını sallamanın dışında çekilmiş ve hala devam eden bir duygusal travmanın izlerine şahitlik yapmaktan başka bir şey yapamıyordu.iki saatten fazla süren bu tek yönlü konuşma kahvelerin gelmesiyle birden sona erdiğinde tüm bu duygusal girdaptan kendi deneyiyle ve amacıyla örtüşen bir olayın ortasında olduğunu sislerin arasından profesör sezinlemişti.konuşmaya başladığında aslında Paris teki deneyini anlatıyordu.acılar içerisinde son anda kurtarmaya çalıştığı hastasının algılarını düzenleyebilmek adına geçirdiği süreci özetliyordu.hastanın bu deney sonunda öldüğünü daha anlatmadan söylemiş ve kaçışının temelinde buna bağlı süreçler olduğunu söylemişti .hastası uzun yıllar depresyon tedavileri görmüş hayata tutunamamış bir Fransız dı.başvurduğunda dünyasının çok koyu bir karanlıkta olduğunu kendisinin bu koyu karanlığın çöle açılmış kapısında durduğunu söylemişti.yalnızlığı küskünlüğü hat safhadaydı.osman beklemediği tanımlamayla karşılaşmış gibi kafa sallıyordu ve arkadaşı sanki onu anlatıyordu aynen diye tastik ediyordu. Deneyin ilk aşamasında yaklaşık bir ay yalıtılmış bir özel odada bırakılmış sonrada özel algı makinası dediği bir makinaya bir hafta süreyle bağlanmış ardından son üç günlük uyku odasından uyanma safhasına alındığında gelişen anlamsız bir baygınlık haliyle takibe alındığında hiç bir yaşam fonksiyonunda dengesizlik ve belirsizlik olmamasına rağmen aniden ölüvermişti.birden irkilen osman uyandırma esnasında adaptasyonu sağlayamamış dedi belli belirsiz fısıldanan bu cümle profesörü allak bullak etti nasıl yani demeye fırsat vermeyen osman devam etti .o kadar uzun süre karanlıkta kalan insanlar değişen bir durum olmamasına rağmen bir den bire aydınlığa çıkarıldıklarında yada uzun süre tutsak kalmış insanların özgürlüğüne aniden kavuştuğunda yaşanan şokun uzun süreli olmasında heyecanın sonucu diye ekledi.evet insan fizyolojisinden hiçbir şey anlamayan bu adam sanırım Paris ten bu yana aradığı tüm yanıtları bulmuştu.uyku süreci algı dünyasında dengeyi sağladığı bölümdü zaten bu kısma kadar olağan üstü geçen süreç boyunca beklediği bir çok ters etkileşimler ilginç bir şekilde oluşmamıştı fransız bulunduğu durumdan hoşnut görünür haldeydi ki asistanının ilettiği kadarıyla uykuya geçeceği devrede hiç olmadığı kadar huzurlu olduğunu söylemişti ve uykunun bu durumu sabitleyeceğine inandığını söylemişti.uykuya daldığındaysa eeg cihazında herhangi bir olağan dışılık başlamamıştı.profesörün laboratuardan her şeyin normal olduğunu gördükten ve gönül rahatlığıyla oradan ayrıldıktan sonra olmuştu ve bütün bu olanlar anlamsızdı.demek ki şimdi anlıyordu ki Osman ın da dediği gibi yeni algı geçmişteki olayların değişim sürecini taşıyamamış adeta saatli bir bomba gibi birden bire tüm sinir sistemini değişik bir duruma yönlendirmiş ve hastanın ölümüne yol açmıştı.kahve bitmişti Osman dalgın gözlerle konuşmasını henüz bitiren eski dostu Ahmet e baktı evet dedi doğru dediklerinde bize ne faydası olacak çok istiyorsan ben hazırım sanki profesör un kafasından geceni okumuştu.

Suskunluk gökyüzünde süzülen martının kanatlarından akıp geçen hava kadar doğal bir haldi artık her iki dost bir anda birbirlerine yardım edebilmek umuduna ve kendi dünyalarında huzurlu olabilmek adına birleşmişlerdi.ikinci kahve tüm sabah gecenin yorgunluğuyla uyuyakalmış Ercan ın içeri girmesiyle beraber gelmişti.ercan kahvaltıyı garsona söylediğinde bir şeylerin değiştiğini bu iki arkadaşın dün geceden farklı bir ifadeyle birbirlerine baktıklarını ve davrandığını sezdi.

Deniz olanca güzelliğiyle insanın bir şey düşünmesine fırsat vermeyecek kadar çekiciydi olanca kalabalıklığı ile adeta balık istifi gibi kumlara serilen onca insanın arasında iki eski dost sözleşmiş gibi aynı düşüncelerde dolanıyor ve denizin keyfini çıkarıyorlardı.gece serinliğinden önce hiç deney konusu açılmadan yenilen yemek ve içilen iki kadeh rakı keyifli bir iki anının ardından gecenin tüm seslerine inat profesör ve dostu sabahın öğleye sarkan yorucu duygu değişikliği yaratan düşünceleriyle sessizce odalarına çekildiler.

Profesör odaya girdiğinde dağınık notları deneyinde eksik kalan parçaların tamamlanmış olmasıyla artık toplanabilir bir halle gelmişti.çok kısa bir sürede telaşsız toplanan ve paketlenen notların arasında görsel etkiler olmadan oluşturulan tüm algılar sakat birer doğumdur notu aslında profesörün de deneyindeki Fransız ın ölümünü daha ülkeye gelmeden çözdüğünü söyler gibiydi.

Olay dizinleri aynı olmasına rağmen olayın değerlendirilmesi o kadar farklı bir yöne çevrilmişti ki ortaya çıkan sonuç gerçeğin değişmemiş olmasına rağmen fizyolojiyi bile etkileyen bir sonuca ulaştırmıştı.acı ortadan kaldırılmıştı belki ama yeni ortaya çıkan durum kaldırılamayacak kadar ağırdı ve hissizlikle beyin kendi dengelerini yeniden kurabilmek adına tüm sistemi aniden durduracak bir çözüme ulaşmıştı.bu zaman kavramının göreceyle yenileneceği sanrısına kapılmasının bir sonucuydu.bilimsel anlamda tartışmaya açık duran bu yapı aslında hayat mücadelesi içerisinde fark edilmeden devamlı olarak yapılan bir değerlendirmeydi.yoksa hiç bir şeyi olmadan bir amaç uğruna emek vererek aslında büyük idealleri başarıya ulaştıran algı biçimleri ortaya çıkmazdı.insanoğlu bu biçimiyle algıyı binlerce yıldır kullanmakta gerçekleri kendi lehine çevirebilecek mücadeleler ortaya koyarak medeniyetlerini geliştirmekteydi.şimdiyse ortaya çıkan bu durum tıpkı yapay su veya hava üretmek gibi insanoğlunu hiçte doğal olmayan bir yöntemle etkileyebilmeyi doğuracak sonuçlara götürüyordu.bu psikyatr hastalıklarda etkili olabilirdi sanrılar ve korkular içerisinde paranoid veya şizofren yapılar sergileyen insanlarda gerçeğin başka biçimde algılanması söz konusu olduğundan bu algı değiştirilebilir ortadaki sakatlı çözülebilir en azından gerçekliğin sorgulanabilir aşamasında bu hasta beyinde sağlığına ulaşabilecek bir dengeye ulaştırılabilirdi.öte yandan bu öyle bir deney makinesiydi ki tüm toplumu tıpkı insanlar gibi istenilen yöne evirebilir köle toplumlar yaratılabilirdi hatta bu köleliğin farkında bile olamayacak derecede verilen gerçeğe mücadele hırsıyla bağlanabilirdi.

Hiç biri bunların ötesinde kendinin dışında bu makinenin ve uygulama biçiminin neler yapacağını bu kadar net göremezdi.bu bir silahtı kafasında son oluşan ve geceyi kabuslar içerisinde geçirmesine sebebiyet veren düşünce bu oldu.tüm bu bilinmeyenleri kendiside kabul ediyordu dinamiti ortaya çıkaran ya da transistörü geliştiren bilim insanlarının hiçbirinin bunun bir silah olarak kullanılmasında payı yoktu buna inanıyordu yada inanmak istiyordu.bir bilgiyi nasıl kullanacağına insanlık kendisi karar verebilmeliydi savaşmak yada ilerlemek bu tercih bilim insanlarının vazifesi değildi ama bilim insanları bunun barış amaçlı kullanılmasını sağlayacak tavır koyabilirlerdi.bilgi sırrın içerisinde kaybedildikçe toplumdan gizlendikçe silahtı yoksa kullanılan bir halde tüm insanların refahına giden yolda bir çakıl taşı gibiydi.

Güneş yüzüne vuruyordu yatmadan önce içtiği bir kaç kadeh kırmızı şarap tan damlamış olan damlalar notlarının üzerinde kan damlası gibi duruyordu son toparlama cümlesindeki karara doğru süzülmüşlerdi.algı kontrolündeki tek sorun bilincin hiçbir süratle uzun süreli kontrole tabi tutulamamasıdır .uzun süre baskı altına alınan algılar algılayan tarafından gerçeklik olarak kabul görüyor gibi olsa da beyin tüm bu sistemi çökerterek asıl duyuları ve yaşam formuyla algıladığı doğal yapıya dönmek için her şeyi sonlandırabilecek üstün bir esaretten kurtulma metodu vardı ki bu kırılması imkansız bir modeldi etkiledikçe kendiliğinden yeni bir yapıla dirayet ediyordu.şarap damlasının bittiği yerde algı kısa süreli bir sanrı dönüşümüdür ve bu makina sadece beynin de kabul ettiği dönüşümü sadece hızlandırabilir.

Gözleri notlarını valize koyarken geceden kalma kadehe takıldı.hafif bir gülümsemeyle kalan kısmını içti.yıllardır bunu yapmamıştı .öğrenciliği aklına geldi büyük tartışmalarda hummalı çalışmalarında bazen gecesini sarhoşluğa vurarak çıktığı sabahlarda hep kadehte kalan şarabı içerdi.bu ona yeni başlangıcı ve yeniden toparlanmayı kutsadığı bir ruh kazandırırdı.

Yapacaklarını banyo yapmadan önce kafasında her şey berrak bir hale ve amaca dönüşmüştü

Ege de tatil yerine babasından kalan yıllardır boş duran harabe çiftliğe geri dönecek deneyi tüm ayrıntısıyla yeniden tekrarlayacak sonuçlarıyla bilimsel bir dergide yayınlayarak tanımladığı yeni tedavi yöntemiyle psikaytır alanında bir çığır açacaktı.ilerleyen zamanlarda bu bilginin nasıl ve ne şekilde kullanılacağına insanlık kendisi karar verecekti. Olaylar ne kadar hızlı yön buluyordu sanki ilahi bir el durmadan ilerlediği yönde devam etmesi için yardım ediyordu demek ki bu kaderdi bu birçok olayı açıklayacak bilinmeyenlerin bilinenler karşısında bir adım daha gerilemesine sebep olacaktı buna inancı gün geçtikçe artıyordu.iyi ama diyordu neden kaçak durumu ve neden bu serüveni yaşıyordu.işte bunu bilmesi için hayatın kendine çizdiği bu yolu yürümeli diye düşünüyordu.

Geceyi oldukça huzurlu geçirdi.sabah güneşin ışıklarıyla uyanmıştı yine denize bakıyordu fakat bu gün artık günlerin ilerlediğini ve hedefini gerçekleştirecek yolu bulmuş olmanın berraklığındaydı.kahvaltı Osman ın kendi sonunu düşlediği günü değiştiren bir süreci başlatmıştı.şakalaşıyorlardı osman tıpkı yıllar öncesi gibi dostu Ahmet in mutlu olmasından keyfi alıyordu ve başarması için içine düştüğü boşluktan çıkmak için onun hedefini tüm gücünü vererek kavrıyordu.

Son bir kez yürüdüklerini bilmeden Şarköy ün sıcağında kahvaltı sonrası gecenin kalabalığına inat sakinleşen caddede yürürlerden osman beklenmedik bir şekilde dönerek bak profesör dedi böyle ne zaman cümle kursa hep sonu istekle biterdi resmi bir istekle yine öyle oldu .bak profesör benim için bunu başarmalısın ve bugün başlamalısın bu deneyine akşama yola çıkalım tüm sıkıntılarımı bitirecek yol benim için yüründü artık sondayım bir insanın hayatında değişiklik yapabiliyorsan tüm insanlığın hayatını değiştirebilecek gücün var demektir.dün konuştuğumuz gibi gerçeği çizen şeritler ne kadar değişken olursa olsun insanı hayata bağlayan ipler o kadar sabit bu kayıplardan sonra yıkım vazgeçilmez oluyor ve senin şu deneyin belki yıkımların gücünü o sade haliyle yalın gerçeği değiştirmeden yaşama çevirebilir.bana sorarsan bir hayale vurgun sarhoşa döner insan ya neyse yine de ben sana güvenmek istiyorum en azından yokluğa yürürken insan bazen derin inançları yokken korkar ya işte o korkuyu yenmeme yardımcı olacağını düşünüyorum.

Profesör gülümsedi haklıydı çoğu yerde itirazının ise onun bu düşüncesine etki etmeyeceğini biliyordu hiç bir şey değiştiremezdi deneyinin düşüncesine erişebilmesi için görsel yalıtımından geçmemiş şekillendireceği renkli bilinçaltı sanrılarına ulaşamamıştı ama aynı zamanda deneyine gerçek bir gönüllü bulmanın heyecanını yaşıyordu.haklısın kardeşim dedi bir an önce başlamalı bu işe bak dedi benim babadan kalma bir zeytinlik ve at çiftliği vardı bilirsin hani okuldayken bir kere gitmiştik .ikisinin de yüzünde bir gülümseme oluştu sanki denizden bir esinti yüzlerini ferahlatıyordu evet dedi oraya gidelim diye cevap verdi profesör hem bizi kimse bulamaz ve deneyin şartlarını azda olsa sağlayacak kadar bir alt yapı orada mevcut .sen bilirsin dedi osman çok güzel bir yerdi orası hatırladığım kadarıyla arkadaşlarla ne güzel vakit geçirmiştik.

İki eski dost geçmişin anılarına dalarken tarihin kurgusal döngüsü yine çalışmaya başlamıştı.birbirinden farklı yollarda birbirlerine ilerlemiş bu iki insan

Kimsenin tahmin bile edemeyeceği algı silahını kontrol eden bilinçaltı deneylerine başlayabilmek adına egeye yolculuğa çıkmak için verdikleri anı kararla gün batarken terminalden alelacele İstanbul a doğru yola çıkmışlardı.

Ercan kendi halinde bu iki dostun daha bir hafta en azından böyle oyalanacaklarını düşündüğünden uzaktan izleme görevinde Şarköy ün şenlikli gecesine kaptırmış vaziyette birazda onları görememenin arada sıkıntısıyla eğlenirken profesör ile arkadaşı egeye giden otobüse İstanbul dan bindiklerinde ancak oradaki arkadaşının vasıtasıyla Şarköy den ayrıldıklarını haber almış ve geride kalmıştı.mecburi İstanbul a dönecek çaktırmadan istihbarattan gidilen yeri öğrenecek bir yemek karşılığında yine kimsenin haberi olmadan takibine devam edecekti.hafif canı sıkıldı ama eğlencesini de bırakmadı nasılsa otobüs en erken yarın sabah diye düşündü

Bu sırada otobüs esenlerin kalabalık halinden yavaş yavaş ilerlerken profesör arkadaşına deney algı gerçek üzerine bilgi vermeye başlamıştı.konu dolaşıp algıyı etkilemeye ve değiştirmeye geldiğinde osman dönüp tüm konuyu özetler şekilde daha önce açtığı yol gibi profesör un beyninde ufuk açmasına sebep verecek cümlesini kurdu.çünkü kişisel verilerden toplumsal sonuçları çıkarmayı oldum olası sevmişti .dostum dedi, kısaca gerçeği etkilemenin yolu algılamaya etki etmektir algılamayı değiştirmenin yolu görsellik olmadan uzun etkili değildir.bilinçaltı etkilemeler sadece görsel etkileşimleri taşıyorsa kalıcı ve sabit

etkiye döner.medya gözleri olmayan bir yılana benzer bu gerçeğini
değiştiremiyecek kadar açık olmasından dolayı sadece sahip olana hizmetle
kendini algılatır.bir çok başlı olması sadece algıyı gerçeğe yaklaştırırken tek
taraflı olmaya başlaması yada etkin ağırlığı tek yönde olması yeni algılara yol
açar.profesör haklısın dedi ben bu deneyden çıkacak sonuçların oldukça
karmaşık olduğunu zaten biliyorum ama işin siyasi yönünü göz ardı etmeyi
tercih ediyorum .gece karşılıklı algı üzerine gidip gelen konuşmalarla devam etti
ilk mola yerine geldiklerinde mola yerlerinin bildik hali ve yürüme ihtiyacı iki
dostu sanki cezaevi avlusundaymış gibi volta atmaya itmişti.iki dost
zihinlerinde gidip gelen bu kadar karmaşık düşüncelerinin yanında kendilerini
anlatıyorlardı.yaşadıklarını anlatırken yüzü gerilen Osman ın sona yürümesine
sebep olan olay kırgınlıkların onu getirdiği olağan bir sonuçtu .her intihar diye
başladı aslında binlerce katili olan bir cinayettir nedeni tüm olaylar zincirinde
bitişe doğru giden adamı durdurmak için onun algısına hiç etki etmeyen yaşadığı
çevredir.profesör un sustuğu bir çözümlemeydi ve haklıydı işte dedi osman
ulaşmaya çalıştığım bu süreçleri durdurabilmek bu yüzden biz bu serüvene
dahil olduk hayır bu senin serüvenin arkadaşım benim serüvenim Şarköy de
kaldı cevabıyla gecenin geri kalanında yoldaki suskunluğun başlangıcını hissetti
profesör .evet bu profesörün serüveniydi ve osman karşılaşmamış olsalardı
muhtemel şu an kendinin de sorumluluğunu paylaşacağı toplumsal
sorumluluktan intiharını yaşamış olacaktı.onun halen ayakta olması geciktirdiği
bir felaket miydi yoksa onardığı bir hayat mı olacaktı.

Yola çıktıklarında yorucu bir yolculuk olacağını tahmin ediyordu ama yol
boyunca konuştukları yoldan daha yorucuydu .sessizlik otobüsün içini sarmaya
başladığında artık ağır haliyle bastıran uyku iki arkadaşına diğer molalarda dahi
uyandırmayacak kadar yoğun sarmıştı sabahın ilk ışıkları otobüsün camlarından
yüzlerine vurmaya başladığında otobüs buram buram ot ve toprak kokan mola
yerine ulaşmıştı suyun soğukluğu tüm uyur halde olanları kendine getirecek
kadar keskindi içilen demli çay ve kulaklardan uzaklaşmış şehir seslerine inat
horoz ve inek sesleri artık bambaşka bir dünyanın tamda aradığı deney ortamına
geldiğinin göstergesi gibi profesörü canlandırmaya yetmişti.evet yeni bir güne
yenilenen bir umuda uyanmanın verdiği keyif ,sıkıntı ve bunaltıcı düşüncelerden
uzaklaştırmaya yetmişti. Şirin ege kasabasından yarım saat sonra geçecek otobüs
aslında deneyin gerçek başlangıcını da taşıyordu. Kasaba kendi dünyasında
profesör un yıllar öncesinden kalan havasıyla bir anda çocukluğundan beri
almadığı kokularla sarmış sarhoş etmişti içi buruklaşmış garipsemişti osman
şaşkındı kasabalara alışık olmasına rağmen bu kasabadaki kaybolmamış

kokuları oda alıyordu çiftliğe geçmeden önce kasabanın kahvesine baba dostu aslan abisinin yanına gidip çiftliğin anahtarlarını almak için uğradılar .sıcak yüzüyle yılların çizgilerini taşıyan aslan profesör u görünce önce oradan geçen turistlerden biri sandı fakat profesörün babasının ismini vermesiyle şaşkınlığını gizleyemedi .olanca saflığıyla kucaklaştılar.aile buradan İstanbul a taşındıktan sonra bir kaç kez babaları buraya gelmiş çiftliği bakımı karşılığında kendisine emanet etmişti bir gün çocuklardan biri yada kendim gelince sağlam bulurum sen buradaki ağaçlara meyvelere bak dilediğince kullanabilirsin demişti bizden biri gelince de ona çiftliği teslim edersin diye de eklemişti .ama tüm bu sözlerin üzerinden onlarca yıl geçmişti aslan beyin yüzüne vuran ihtiyarlık emanetini sahibine ulaştırabilmenin huzuruyla aydınlanmış ve eski dostlarının gelmiş olmasının heyecanıyla bir gün kalmalarını istemişti.aslan beyin bu ısrarlarıyla uzun bir yolculuktan gelen iki arkadaş o günü ve geceyi aslan beyin evinde geçirmeye karar verdiklerinde çoktan güneş öğle sıcağını geçmişti.yer sofrasında beraber yenilen öğle yemeği içilen çaylar ara ara babasının hatıralarını anlatan bu ihtiyarın gözlerinden yaşların süzülmesiyle kesintiye uğrasa da profesör derin bir zaman yolculuğunda kendisini bulmuştu osman ilgiyle dinliyordu o da bir kasaba da büyümesine rağmen olanca zamanını şehirlerin boğuşmasında yaşadığından toprağın sözleriyle yürek bulan bu hatıraları dinlemek iç dünyasında onu özlediği bir saflığa itmişti.ihtiyar anahtarları güneşin ufukta rengini değiştirmeye vakit sakladığı sandıktan çıkarıp Ahmet in ellerine verdiğinde çiftliğin tüm hikayesini de anlatmıştı .bunca yıl toprağın çiftliğin neler yaşadığını babasının ektiği ağaçtan çöken duvarına dek bir bir anlatmıştı.üstelik tüm bunları gerek olmamasına rağmen bir muhasebe yaparak anlatmıştı.

Akşam iki arkadaşı profesör un kasabasında tüm sorunlardan kurtaran bir huzur içinde toprak ağaç ve tezek kokularıyla sarmıştı.o kadar etkilenmişler diki sanki kasabaya tatil yapmaya gelmiş bir kaç gün kalıp gideceklermiş gibi hissettiler hazırlanan yer yataklarında Anadolu nun o insanın içini sessizlik ve huzurla kaplayan yalnızlık ve bir o kadarda geçmişin seslerini taşıyan kalabalıkla uyudular.başlayan yeni gün adeta deneyin Paris te duran sürecini yeniden canlandırmaya giden son adımdı.güzel bir kahvaltı ve çiftliğe giden köy dolmuşunun tozlu yollarda bıraktığı tatla beraber indikleri ağaçlık alan yıllar önce saklambaç oynadığı yere dönen çocuk gibi profesörü heyecanlandırmıştı .

Osman, geldik galiba diyerek ağaçlık alana anılarına dalan profesörü anılarından bir anda geri aldı evet geldik ilerdeki ağaçlığı geçince evi de göreceğiz diyerek oraya doğru ilerlemeye başladı.aslan bey baba dostu akşam profesör un yapmak istediğini neden geri geldiğini ve arkadaşı iyice anlamıştı ayrıntısıyla bilgi aldığından elinden gelen yardımı yapması için büyük oğlundan rica etmiş profesörün istediği düzeneği kurabilmesi için köyün kahvesinde işsizlikten boş duran bir kaç üniversite mezunu genci alıp çiftliğe getirmesi için anlaşmıştı onlardan önce çıkan profesör ve arkadaşı evi yıllar sonra gördüklerinde baya harap vaziyette olduğunu görüp hayıflandıkları sırada aslan beyin büyük oğlu yanında 6 kişiyle ve bir araba dolusu malzemeyle ağaçların arasından göründüler.bütün gün süren çiftlik evinin temizliği tamiri profesörün özel istediği ve deney malzemelerini yerleştireceği odalar gelmesi gereken yeni ustalar işlerle beraber bir on günlük iş planının çıkmasına sebep olmuştu profesör deneyin gönüllü deneği arkadaşı Osman ı bu sürede hazırlanabilmesi zihnini yığınla düşünceden arındırabilmesi için hiç bir işe karışmadan meyve bahçelerinin ve tarlaların arasında dolaşması keyfine bakması ve yaşayacağı büyük deney ve sonuçları için bedenini ve zihnini kuvvetlendirmesi bunu da doğada toprakla yapması gerektiğine ikna ederek onu bahçeye uzaklaştırmıştı yoğun çalışma sürecinde kasaba da kalma kararı aldıklarında ilk gün sona ermiş aslan beyin kasabadaki evine aslan beyin oğluyla beraber dönülmüştü.çalışan insanlar istenilen işi yetiştirebilmek için çiftlik evinde eşyalarla kalmışlardı.

Ercan İstanbul dan aldığı istihbarata uyarak birazda fırça yiyerek takibe devam etmek için Şarköy den yola çıktıktan sonra bir kaç yerde rutin emniyet işleri için ara verdikten sonra çiftliği yoğun hummalı bir çalışma içersinde buldu.geri dönüp kasabada bir pansiyonda yer bulabildi raporlarında emniyetin uzun süre önce bıraktığı tek kişiyle takibin ne denli zor olduğunu bahane olarak anlatıyordu ama bilmediği Ercan ın aslında özellikle tek kişilik takibe Fransız ların fazla dikkat çekmeden eski yöntemlerle ve gayri resmi takip ricasının bur da etkili olduğuydu.çünkü fransızlar özellikle profesörün bilerek kaçmasına müsade edildiği deneyin tüm sonuçlarıyla ilgili sonuçları ancak bu deneyi kurgulayanın istediği ve zor şartlar altında gerçekleştireceğine olan kanıydı yoksa Ercan ın onlarca yıl önce terk edilen tek kişilik takiple görevlendirilmesine imkan yoktu ayrıca Ercan ın gidilen yerlerle ilgili raporu emniyetin dar koridorlarında bazen de bilgi dahilinde Paris e iletildiği buna bağlı özel turist gruplarının derhal bölgede yerlerini alarak sonuçları kendi üstlerine raporladıklarından haberi olmayacaktı yanlız ercan tahminlerin ötesinde iyi bir gözlemiydi dürüstlüğünün ötesinde Şarköy deki bu küçük fransız turist gurubunun birden bire bu küçük kasabada doğal tarihi yerleri gezmek için gelmelerini olağan dışı görmüş ve raporlarında belirtmeden onları da gözlemeye başlamıştı.bu arada profesörle konuşma isteği bu özel durumlardan dolayı daha dayanılma bir heyecan almaya başlamıştı . ercan boş kalan vakitlerinde kahvehaneye gidip kasabanın dedikodularını da dinlemeye başlamıştı.profesörle alakalı geçmiş olayları ailesinin yaşadığı süreçleri de bu şekilde öğrenmişti.ihtiyarlar muhabbet olsun diye muhabbetler açıyor ve anlatıyorlardı.her türlü yeni gelişmeler burada kendine konu olarak yer buluyordu.tabi ilginç hikayelerde duymuyor değildi.profesörde kasabaya geldiğinde dolaştıktan sonra bir iki baba dostuyla sohbet etmek için geliyordu zaten Ercan la yakınlaşmaları da bur da başladı.toprağın özelliği herkesi bir ayna gibi birbirine benzetmesinden olsa gerek profesörde kendi insanlarına yaptığı çalışmaları çok derine inmeden muhabbet olsun diye anlatıyordu.yine böyle bir günde ihtiyarların yaptığı şakaların arasında mehmet lütfi adında gençliğinde cesaretiyle nam salan seksenini devirmiş bir ihtiyar ak sakalarını sıvazlayarak profesörün algının kişisel farklılıklarla dünya gerçekliğini ve mutluluğu değiştirdiğini söylediği bir anda bak yeğen diyerek sözünü kesti.sana ne anlatacağım çok sık hikaye anlatmayan bu ihtiyar kasabada da sevilen bir adamdı ve konuştuğu zaman ilginç hikayeler anlatırdı .bak yeğen babamın başından geçen bir hikayeyi anlatayım da sen yakıştır yapmaya çalıştığın işe dedi ve sözü güleç yüzüyle son kalan bir kaç dişiyle gülümseyerek arada anlatmaya başladı.

Babam rahmetli atıyla giderken obanın ortasında atının ayağına bir şey takılmış oda merak edip baktığında bir kafatası olduğunu görmüş tabi hürmetten alıp gömmek istemiş ama alnında bir yazı görmüş babam okuma bilen bir adamdı diyerek içlendikten sonra yazıyı okuduğunda bir merak almış babamı kafatasının alnının ortasında ey kafa kafa daha senin kafana neler gelecek diye yazıyormuş.rahmetli babam gülmüş yav demiş kendi kendine iyi kötü bir hayat sürmüşsün hadi başına bir sürü olay gelmiştir geçtim ama ölmüşsün gömülmüşsün yetmemiş benim atın ayağına bile takılmışsın senin kafana daha ne gelebilir diye düşünmüş ama merakına da engel olamadığından koymuş heybesine kafatasını obadan dönmüş köyüne .eskiden Anadolu da erkeklerin evinde kilitli özel eşyalarını koydukları kilitli bir dolapları vardı buraya getirip dolabın arkasına saklamış kilitlemiş .tabi dolabın arkasında kaldığından da gel zaman git zaman unutmuş böylece aradan uzunca bir süre zaman geçmiş.bu babamın ilk eşi öldükten sonra aldığı ikinci eşiyle yaşadığı zamanlarda oluyormuş.neyse oda uzun bir hikaye ya sonra anlatırım diye devam etmiş ihtiyar gülümseyerek hikayeye devam etmiş.babam yine bir gün kasabaya geldiğinde birden dolabının anahtarlarını almadığını sabah traş olduktan sonra dolabını kilitlemeyi unuttuğunu fark edip hemen geri dönmüş dönmüş ama daha evin avlusuna girer girmez bir şeyler olduğunu anlamış dolabına gittiğinde aklına kafatası gelmiş bakmış ki yerinde yok dolabını kilitleyip avluya geri geldiğinde bakmış ki hanımı ocağı yakmış üzerinde çamaşırlar için su kaynatmakta ama hırsla ocağa odun sürmekte babamı görünce sert bir şekilde daha babam bir şey sormadan madem unutamadın ayıp ayıp insan kafatasını getirir evinin dolabına koyar mı almasaydın diye çıkışınca babam merakla ne yaptın diye sormuş kafatasını alıp ne yaptın diyince aldığı cevapla şaşkına dönmüş ben dolabı açık görünce baktım ki içinde bir kafatası var ilk aklıma eski eşinin kafası olduğu gelince cin çarpmışa döndüm aldım önce kırdım kafasını sonrada aha bu yanan ocağın içinde kül ettim istersen külünü saklayabilirsin diyince babam hikayeyi anlatmış ona da fakat kendi kendine o an şunu demiş ey kafa deme ki senin başına ocakta yakılmakta gelecekmiş.insanın başına her şey gelir be yeğen daha kafanın başına neler gelecek deme bu zamanın bir başlangıcı yok ki bir sonu olsun .sen algı diye bahsediyorsun ben anlamak diye bahsediyorum anlamak öğrenmek bilmek yeğen anlatabiliyor muyum herkese yeğen diyen bu ihtiyar aslında hiçbir şeyin kendi sırrını açmadan kaybolmayacağına sadece yanlış anlıya bileceğine inanan hayat adamı olarak hayatının sonunda hayatın sonsuzluğunu şekil ve biçim değişimi bu yapısıyla çözdüğünü söylüyordu .bir iki ihtiyarın kadınlar hep böyle diyen kahkahalarının arasında Ercan ın aslında algının değişimiyle alakalı söylediği yeterince iyi bir düzenekle aslında herkesin mutlu olabileceğini söylemesi Ercan ile profesör ün ilk kez karşılıklı çay içtikleri muhabbeti de sağlamış oldu.aynı zamanda arkeoloji mezunu olan ercan geçmiş zamanlarda algının bir çok şeklinin insanları kontrol etmekte kullanıldığından bahisler açarak uzun süren tartışmalara girmeye başlamıştı .hasan sabahın cennet vaadiyle siyasi suikastlerinden mi yoksa savaşlarda kullanılan güneş gölge oyunlarından mı yoksa geçmiş zamanlardaki ay ve güneş tutulmalarının insanlar üzerindeki etkilerini kullanarak yönetimlerini sürdüren insanlardan mı konu nerden açılırsa algıyla alakalı oradan başlıyorlardı artık öğleden sonraları kahveye gelen profesörle muhabbet çok keyifli hale gelmeye başlamıştı hatta biraz daha zorlasa profesör nerdeyse çiftliğe davet edecekti bir haftaya yakın süren kahvehane arkadaşlığı Ercan ı etkilemişti raporlarında bunun etkisi fazlasıyla fark ediliyordu. ercan da oluşan saygı emniyetin onu geri çağırmasına da gerekçe oluşturacaktı.

Yavaş yavaş çiftlik yaşanabilir bir hal almaya başlamıştı dahası deney odası gerekli yalıtımlarla ve deneysel malzemelerle kaplanmış son bir iki ayrıntı dışında hazır hale gelmek üzereydi.son alışverişler kasabadan alınmış profesör yeni edindiği dostlara da sezdirmeden artık ortadan kaybolmak pahasına çiftliğe çekilmişti.osman tüm düşüncelerden arınmak için günlerdir doğada kendi kendine kalmanın verdiği bir vazgeçiş ve olayların akışına kendini bırakmışlıkla profesörün deney başlamadan önceki son taramalarını birazda şaşkınlıkla izliyordu.kasabaya geldiklerinin üçüncü haftasında çiftlik işleri bitmişti çalışmaya gelenler ödemelerini aldıktan sonra bu iki arkadaşa yaşanabilir bir ortam hazırlamışlardı.deney odasını profesörün isteği üzerine evin dışındaki büyük samanlığı boşaltıp içerisine odalar yapmışlar ama bir tanesini sanki bir cezaevi hücresine benzeyecek şekilde diğerlerinden küçük yapmışlardı.profesörün getirdiği makineler diğer odalara birbiriyle bağlantılı olacak şekilde yerleştirilmiş zemin önce düzleştirilmiş çimentolanmış sanki hastane ortamı gibi kaplanmıştı içeride başta bulunan hayvan kokuları yerini çok temiz bir havaya bırakmıştı evet profesörün Paris te ki bölümünden daha iyi durumda bir yapı elde etmişlerdi dışarıdan ahıra benzeyen yapı içeri girildiğinde tam bir laboratuarı andırıyordu.deney odası baştan başa beyaza bürünmüş adete bir cezaevi hücresini andırıyordu.makineler yerleştirilmiş çeşitli ses efekt kayıt cihazlar bu odanın gerisinde oluşturulmuştu.

Artık neye ulaştığını ve ne istediğini bilerek birazda korkarak gerçek anlamda deneyini yapmaya başlayabilirdi.

Ercan birkaç gün daha aynı kahvede bu ilginç adamı beklemişse de profesör artık kasabaya inmiyordu.kontrol amaçlı çiftliğe gittiğindeyse rahatsız edilmek istemediğini belli eder halde soğuk karşılanmıştı Ercan için kasabada beklemekten ve Fransız kafileyi gözlemekten başka bir şey kalmamıştı .yine de aynı kahveye gitmeye devam ediyordu.

Çiftlik bitmiş her şey hazırdı .kontroller yapılmış ve deney başlayabilirdi .

Akşamüzeri beraber yedikleri yemeğin ardından deneyin başlayabilmesi için Osman deney odasında uyudu.tam üç hafta boyunca tarlalarda meyve bahçesi içerisinde kendini de fazla dinlemeden dolaşmış Ahmet in bu deneyi için kendini Şarköy de intihar etmiş kabul ettiğinden de sıkılmasına rağmen pek sesini çıkarmamıştı.böcekler çiçekler pek içini ferahlatmıyor hatalarıyla içine düştüğü buhranın derinleşmesi onu daha derin bir depresif hale de ittiğini kendi kendine söylüyordu .neyse ki çiftliğin onarımı ve deney odası bitmişti de kendini baştan başa beyaz kaplı bu odaya atmıştı zaten istediği buydu ha ölüm ha bir odaya kapatılmak bir gayesi yoksa evet bir gayesi yoksa hayatın yaşanmaya değer ne yanı kalabilir .bu düşüncelerle kıvranırken karanlığın içinde duvarların üzerindeki etkisini de hissedemiyordu.aslında deney Osman ın fark etmediği bu akşam üstü başlamıştı.ve en zor olan bu ilk geceydi daha önce evin içerisinde beraber kaldıklarında hissetmediği bir yalnızlık dürtüsü tetiklenmişti.değişen fazla bir şey olmamasına rağmen artık bu odada uzun bir süre kalacağını söylemesi ve Ahmet in kapıyı arkadan kilitlemesi değişik bir huzursuzluk vermişti.oda tam bir tek tip hücre cezası verilen mahkumun odası gibi düzenlenmişti .ihtiyaçlarını gidereceği bir lavabo bir tuvalet ve bir ranza vardı birkaç kitapta odaya girerken gözüne çarpmış olmasına rağmen kilitlenme ve yalıtılma daha ilk geceden onu sarmaya başlamıştı .çok zor ve geç uykuya dalabildi kameralar ise o fark etmeden sensorleri ile her fısıltısını ve hareketini kayıt altına almaya çoktan başlamıştı.profesör ancak onun uyumasından çok sonra saatlerini kurarak uyumuştu ve Osman bilmese de deney odasının hemen yan kısmında dışarıya ses geçirmeyen bir şekilde düzenlenmiş gözlem odasındaydı.normalde ses ve ışık yalıtımı olduğundan normal beden saatini bozamayacağını biliyordu toplam deney süresini Paris teki deneylerinden iki hafta olarak tespit etmişti tüm algıyı bu iki hafta içerisinde değiştirmeliydi ve bunun ikinci haftası muhtemelen yaptığı özel algı makinesine bağlı olarak geçirmesini planlamıştı.ilk haftanın sonunda fiziki bir görüşmenin ardından algının yönlendirilmiş yeni gerçekliğini içeren süreci başlayacaktı.daha önce nano sensor makineler vasıtasıyla temel değerleri tespit edilmiş beyin duygu durumlarındaki kimyasal değişim ve salınım noktaları yine sadece görsel yada işitsel uyaranlarla kendi içersinde farklı bir kimyasal dengeye çevrilerek acı hissedilen depresif durumu ortadan kaldırmayı ama hafızayı d a daha diri tutarak güçlü bir ruhsal durum yaratmayı hayal ediyordu.paris teki denekte yıllardır yaptığı deneylerden elde edilen tüm veri analizlerinde esasen son aşamaya ulaşmış uyanması gereken denek anlamsız bir şekilde kendini bir makine gibi kapatmıştı bu dengeyi sağlamanın tahmin edilenden zor olduğunu profesöre anlatsa da olayın ölümü sağlamış olması uyguladığı yöntemin bir silaha dönüştüğünün de bir göstergesi olarak kabul edilmişti.zaten şu an bu çiftlik evinde olmasının sebebi de kaçak durumda olmasının sebebide buydu . o bu dünyayla alakalı olarak ölümden fazlasını istiyordu o insanları yok etmeyi değil mutlu ve huzurlu yaşayacakları bir dünyayı hedef almıştı ve o yüzden bu deneyi tamamlamadan bırakmama isteğini durmuyordu. Ayrıca bu deneyin sonucunda hedefine ulaşabilirse biliyordu ki insan algıları üzerinde ilerde bir bilim dalı bile kurulabilecek olan sosyal yönlendirmeler içeren toplumsal mimarilerde algı boyutuyla da yeni bir boyut açacaktı.ya da profesör öyle düşünüyordu.bir yandan da dostunu kaybetmekten ve aldığı tüm hayati sorumluluktan korkuyordu ama bu korkuyu bastırıyor kendine bile itiraf etmiyordu başarma isteği tüm olumsuz düşüncelerden yalıtma isteğini çiftliğin hazırlanması aşamasında geçen sürede dostu kendini hazırlarken profesörde kendi içinde yaşamıştı.bunları düşünmemek için tüm dikkatini bundan sonraki sürece topluyordu.kendi kendi kendine süreci hesaplıyordu.iki haftalık deney sürecinin beden saatini değiştiremeyeceğini bildiğinden gün zaman uyumunu bozmayı düşünmüyordu o yüzden sabahları ondan önce kalkıp his raporlamalarını yapacaktı .his raporlamaları yalnızlığın derin koridorlarında kendisiyle uzun süre yalıtılmış kişilerde oluşan hissizliği ve rahatsız edici beden uyarılarının oluşmasıyla ifade ediyordu.kapalı kalan insanların hücre içerisinde kramp tarzı ağrılar ve dayanılmaz sanrıları oluşuyordu bu yüzden deneyini Osman ın beden sağlığını bozmadan devam ettirmesi gerekiyordu.hesaplamalarını kendisi içinde zorlu bir iki haftanın beklediğini bilerek yapıyordu.

Osman uyumakta bu kadar zorlanmasının bir başka sebebi de deney de kobay olmayı kabul ettiğinden beri içi tuhaf bir hisle kaplı olmasından dı sanki bundan sonra olacaklar varlığıyla yokluğu arasında gidip gelen bir süreç olacaktı kendisi intiharı baştan kabul etmesine rağmen deneyin sonunda yaşama ve bu yaşam serüveninde kendisine yabancı biri olarak kalma dürtüsü onu huzursuz ediyordu.bu düşüncelerin arasında rahatlamak adına en çok sevdiği şeyleri düşünerek içini saran bir sıcaklık duyduğunda gecenin bir hayli geç bir saatinde uyumuştu.

Öncelikle bu yalıtmanın amacı belleğin kayıt edilmiş ve duygularıyla sabitlenmiş düğüm noktalarına deneğin ulaşmasını sağlamaktır bu durum acı veren ve kendini kötü hissetmesine sebep veren birbiriyle alakalı gittikçe derinleşen deneyimlerini önce bu günün gözüyle görmesini ve düğüm noktalarından çaprazlaşan ve bir kimyasal reaksiyonlar zincirini başlatan noktalarını bu görüntü ve kayıtların bozulmadan ama yinelenmesini engelleyerek salınan bu kimyasalları dengeleyecek yeni odaklardan daha yeni kayıtlar oluşturmaktır.aslında bellek kısa uzun hızlı adına ne denirse densin her şeyiyle bu dünyanın iç dünyadaki yansımaları ve buna karşı verdiği reaksiyonları oluşturmaktadır.bireysel veya toplumsal davranış modelleri hem genetik hem de sosyal yapısıyla elde ettiği deneyimlerin oluşturduğu gözle belirlemektedir.profesör okuduğu Paris ten psikytr arkadaşı alman karz ın ders notlarıydı .bu notlar yaptığı tüm çalışmalarda algının bellek, bellek düğümleri ,bellek kanallarının bir birleriyle ayrıca bu kanal ve düğümlerin oluşturduğu ağ yapısında ki etkileşimleriyle ortaya çıkan kimyasal salgılar ve bu salgılar sonucunda şekillenen duygulanımlarla ilgili çelişkiler üzerine kurguladığı deneyini anlamasını anlatmasını sağlıyordu.aynı şekilde karz la bir tartışmasında tüm toplumu bir bireye benzetmiş her bir bireyin kendi yaşam deneyimleriyle hayata bakışını bir düğüm olarak tanımlamış bu bireyin aile ve arkadaş çevresini bu düğümün ağı olarak gördüğünü söylemişti dolayısıyla bir bireyin tüm toplumu etkileyecek derecede ağlar dediği sosyal yapıyla çevrelendiğini dolayısıyla bir bireyin bazen sorununun tüm toplumun sorunu olarak değerlendirilmesini söyleyerek bu bellek bellek ağları ifadelerini büyük ölçüde topluma yayarak anlatmıştı o zamanda itirazları vardı ama daha tam olgunlaştıramadığı için düşüncelerini karşı fikirleri söylerken etkin olamıyordu.bu gün bu çiftlik evinden bakarken Avrupa nın en modern şehrindeki üniversitede asker baskısıyla kaçmış bir profesör olarak duruma daha farklı bakıyordu.doğruydu karz ın dedikleri şayet bir bireyin acı ve üzüntüsüyle alakalı davranış modelini değiştirirse toplum mimarisinin sosyologlarının eline de o toplumu yok etmeye yada yeniden şekillendirmeye çalışan hüküm sahiplerine de esasen bir yol açmış olacaktı askeriye anlamdaysa artık savaşmadan teslim alınabilecek savaşlar olabilirdi.bir orduyu belirli yöntemlerle bellek kümeciklerini ve ağını kaybettirerek algısını saptırıp tek el ateş etmeden saf değiştirmesi sağlanırdı ve bunun için eski usullerde hiç çaba sarf etmeye bile gerek kalmazdı.

Sabah deney hücresine kurduğu düzenek sayesinde kahvaltı tabağı ve çay sarı ışık altında servis penceresinden ilettiğinde iki saattir beynin saran düşüncelerden ve okuduğu notlardan sıyrılmıştı.kameralardan gördüğü kadarıyla Osman bıkkın bir tarzda uyanmış yüzünü yıkamış hücrenin en uç noktasına çekilmiş kapatılmış ürkek bir hayvan edasıyla bir köşeye çömelmiş bekleyerek vaktini geçiriyordu.kahvaltı tabağı geldiğinde yerinden kalktı ve tabağı aldı acelesi yoktu Şarköy de ve buraya ilk geldiklerindeki telaşlı hali yoktu sanırım uzun bir süreç olacağını düşünüyor diye mırıldandı dışarıyla tamamen yalıtılmış olan deney odasından hiçbir şeyin duyulmasına imkan yoktu birazdan deneyin ilk kurgusal süreci başlayacaktı.görsel ve işitsel uyaranlar belli bir dizinde deney odasına düzensiz ve düzeysiz ulaştırılacak ve bu aralarda keskin durgun uyarısız belirsiz sürelerle hiçbir uyarının verilmediği ama komutların tekrarlanacağı fısıltılar duyurulacaktı.deney belleği öncelikle karmaşık ve şok edici haller yaratarak inanılması güç sorgulamalara itilerek bellek düğümleri oluşturmuş ki bazı İngiliz çalışanların bellek tepeleri diye adlandırdığı yığın anıların çözülmesi sağlanacaktı.bu bir haftalık süreç denek durumundaki arkadaşının tüm belleğini düz bir halıya yayar gibi açmasını sağlayacaktı.uyuma halinde bellek uyanık halinden daha fazla işlediğinden karz ın dediği gibi çimento harcı gibi kaydettiğini uyku halinde şekillendirdiğinden uyku halindeki şekillenmelere müdahale edecekti.ama ilk müdahaleleri ikinci haftanın başında yapacaktı.

Profesör daha deney başlamadan masasına yaydığı Paris teki laboratuarından çıkardığı uyaranlar dizilimindeki sıralamayı izliyordu.gün ve gün dakika ve dakika şifrenin çözülmesi gibi uyarılarında bir sırası vardı.en zor gün ilk hafta için 6. Gün ikinci hafta için son gündü.yaşanılacaklarsa uyaranlar verilmeye başlandıktan sonra deney odası hücreye dönüşüyordu kaçmanın imkanı olmadığı bir tutsaklık biçimi kendi öyküsünü canlandıracaktı. Osman sıradan zamanlarında gözlemlenen sıra dışı duygulanım yansımalarını uyanıkken yaşayacaktı ve aslında tüm benliğiyle yalnızlığının anatomik analiziyle yüzleşecekti.aslında olan da tam anlamıyla buydu çözüm onun için buradan başlayacaktı.ilk günün ikinci yemeği verildiğinde işitsel uyarılar rahatsız edici düzeydeydi. müzik veriliyordu deney hücresine ama frekansları düzensiz sözleriyle uyumsuz pek yadırgamıyordu ama uzun süreli dinlemek rahatsızlık vermeye başlamıştı arada zararsız sis dumanı ve kokular günlük yaşamın içinden hücre aslında her zaman içinde olduğu dünyadan çağrışımlarla ama kopyalanmış verilerle dolduruluyordu.aslında sadece koku uyaranı bile Osman ı öğlen yemeğinde yediği hamburgeri lahmacun gibi sindirmeye zorlayabiliyordu.bunun bir deney olduğunu Ahmet in dostu olduğunu buraya nasıl geldiğini neden burada olduğunu daha şimdiden düşünmeye başlamıştı ilk günün öğleden sonrası Osman ın hiç de yabancısı olmadığı bu odaya girmeden önce kendini yalıtırken doldurduğu formlardan alınmış hoşlandığı koku ses ve ışık uyaranlarıyla geçiyordu bu haz duymasına yol açsa da hareketsizlik ve fiziksel kısıtlılık bocalamasına yol açıyordu.uyarılar anılarına hafif hafif dokunmaya başlamıştı sanki olaylar belli belirsiz sisin arasında bir görünüyor ama çözemeden kayboluyordu.nasıl geçecek diye düşünmeye bile başlamıştı biryandan bu süre kolay görünüyordu halbuki dün geceden bu saate henüz bir günü bile tamamlamamıştı oysa ki daha neredeyse iki haftası vardı bu oda da atsaydı kendini bir köprüden daha mı iyi olurdu diye mırıltısı kayıt altına çoktan alınmıştı.deney gözlemcinin kontrolünde ve kaydındayken bile kendi bağımsız kurallarıyla işliyordu profesör şu ana dek bu mırıltıdan başka bir cümle yakalayamamıştı.ilk günün uyaran dizilimi sona yaklaşırken profesör çok yorulmuştu sanki o da bu uyaranların dışında süreci büyük bir odada yaşıyordu.aynı uyaranlara maruz kalmadığından etkilenmese de ara ara o da kendi belleğinde Paris teki deneyi yaşıyordu.ölen adam hala aklına geliyordu.bilim adamlarının sorgulayıcı yanı her zaman olur olmadık zamanlarda ortaya çıkar ve yorucu bir süreci de beraberinde getirir tüm dikkatini deneye vermiş olan profesörde bir yandan deneydeki sorunu bulmaya çalışıyordu .ilk gecenin sonunda sıralamalı uyaranlar bitmiş gece sayıklamaları başlamıştı bile kesik kesik cümleler arada hızlı kaydedilen soluk alışverişleri uyaranların gittikçe şaşırtan etkilerini gösteriyordu profesör tüm gün neredeyse yerinden fazla kalkmamıştı sadece birkaç gün önceden hazırladığı iki haftalık uyaranlara uyumlu dondurularak istiflenmiş yemekleri odaya vermek ve insani ihtiyaçları için odasını terk etmişti.yorgunluğu en az içerdeki dostu kadar fazlaydı kayıt alarmlarını kurup o da uykuya çekildiğinde art arda gelen ilk 4 günün aynı şekilde geçeceğini önceki deneylerinden biliyordu.beş yada altıncı güne sakladığı enerjisini tüketmeme isteğiyle hemen uykuya daldı.

Kurbağayı çok sıcak bir suya atınca hemen zıplar oysaki ortamın ısısında olan bir suya kurbağayı atıp yavaş yavaş ısıtınca nasıl piştiğini anlamaz sa uyaranlar hafif dozları ve ortamın doğallığıyla öncelikle oluşturulduğundan ve giderek uyum sağlandıkça şiddetlendirildiğinden bellek çözümlerini ancak dördüncü günden itibaren ve özellikle beşinci ve altıncı günden itibaren verebiliyordu.

Bu ayrıntı belleğin ele geçirilmesine de imkan verebiliyordu.yani aslında bu durumu art niyetli olarak kullanmaya kalktığında birileri belleğe hem istediği

Şekli verebiliyor hem de duygulanımları yönlendirebilecek bilinçaltına emirler kaydedebiliyordu bu profesörün geç farkına vardığı bir sonuç değildi ama kendinden bile bu durumu gizliyordu.düzenek bir şekilde belli sıralarla uyaranlara tabi tuttuğu insanları kontrol altında davranışlara itebiliyordu ki aslında bu insanların söyledikleriyle ortaya koyduklarının farklı olabilirliğini sağlıyordu.ısrarla beyaz rengi tercih eden ama tüm belleğiyle sarı rengi isteyen bir denekte bunun nedenini deney odasında kullanılan beyaz rengin fark edilmeden komut uyaranlardan biriyle beraber algılatılmış olmasından kaynaklandığını en kıdemsiz asistanı not şeklinde kayıt altına almıştı.

Renkli sesli hareketli dönüşümlü verilen veyahutta soruların mantıklı izahı yerine habire aynı ses tonu içeren yabancı tanıdık olmayan çapraşık tuzaklı uyarılar komut uyarıların gizlendiği mesajlar olarak bellek tepeciklerinin ve bellek ağının kendi duygularını oluşturabiliyorlardı.

Denek ise acı hissettiği durumları kendi belleğinde fark etmeden oluşturduğu kaçış komutlarıyla örtüyordu sorun da bu örtüyü kaldıracak düzeyde ve sırada uyaranları vermek ve oluşan hormonal veyahut ta fizyolojik salgılarla ters etkiyle artık acı duymamasını sağlamaktı.

Deneyin tüm ayrıntılarına hakim profesör bu düşünceler ve yarattığı deneyle deneğin sanrısal bir dünyaya girdiğinin farkındaydı ve bu ilk haftanın bittiğini gösterir tepkileri kayıt etmeye başladığı zamanı gösterecekti.

İkinci günde aynı şekilde sonlanmıştı sabah kahvaltı sonrası içeri yansıtılan ve zaruri dikkatini cezbeden uyaranlar gittikçe artası veya azalması tahmin edilemeyen şiddette bazen boğucu hatta ölüm hissi dahi veren yokluklar içeren uyaranlar sonunda geceye ulaşılmıştı .direnci hafif hafif kırılan Osman ın sayıklamaları gittikçe artmıştı üçüncü gün kendini farklı şehirlerin kalabalık ortamlarında hayaller içerisinde bulmaya başlamış ve içinde bulunduğu ortamın tamamen dışında algılamaya başlamıştı bile kendince bir zamanı vardı beklediğinin kendi zamanı yaşayan hızla yağan yağmura inat ısrarla tekrarlıyordu olamaz diye gördüklerine kendini inandırmaya çalışırken neredeyse üstüne insan seli yığılıyordu.

Olamaz diye çığlıkları profesör işittiğinde dördüncü günün ilk ışıkları da çiftliği aydınlatmaya başlamıştı.ne gördüğünü bilmiyordu ama çıkardığı seslerden uyaranların onu buradan alıp derin dehlizleri yoğun karmaşalarıyla 40 yaşında olan osmanı kırk senenin kayıtlarında dolaştırmaya başladığını hissediyordu.

Osman beşinci gün düşler dünyasına kendini bırakmıştı yığınla uyaran onu girdaplı bir masalın oluşmamış ücralarında uçurum kenarlarında teslim alıyordu geceye ulaştığında tüm gün yemek yemeği kesmişti ihtiyaç duymuyordu

Osman gören gözleriyle kabusun içerisinde kendini seyrediyordu.cümleler kesik kesik tekrarlansa da kayıt altına alınamayan bir iç dünyanın savrulan parçalanmasına dönüşmüştü.kırpık kırpık liğme liğme un ufak ediyordu sanki teslim alınmadan önceki tüm savaşların moral kaybını tutuyordu gözyaşlarında.profesör neden arada ağlayıp arada çığlıklar attığını ve bazen yumruklarını sıktığını anlamıyordu ama bu duurmun yedinci günden sonra narkotik ilaçların verilmesiyle sakinleşebileceğini biliyordu damar yoluyla beslenmeye ve kimyasal baskılayıcı salgıların oluşması adına bu kadar yüklendiği deneğin yeniden topralanmasının bir hafta daha alacağını ve sonunda uyandığında bu gece girdiği uykusundan kendini ve kendine acı veren gerçeklerin algısıyla değiştiğini artık her şeyin olağan üstü bir huzurla kabullenilebilineceğini huzurlu ve mutlu bir insan olarak yaşamını sürdürebileceğini gerçekten biliyor ve inanıyordu.osman savaşın ortasındaydı.

ŞEHRİN HAKİMLERİ KENDİ KUDRETLERİYLE SAVURURKEN GENÇ KALMIŞ ÖLÜLERİNİ BİR YANIYLA AĞIR SAKALLARINA İNAT TUTUNMAYA DİRENİYORLARDI... UZAKTAN GÖZLERİNDE DAĞLARDA YANAN ÇOBAN ATEŞLERİNİN YANSIMASI KIZILIKTA BIYIKLARI HENÜZ TERLEMİŞ BİR DELİKANLI BAŞKA BİR DÜNYADANMIŞCASINA İLERLİYORDU.... SATILAN TÜM DÜŞLERDEN ARTIRILAN HENÜZ BOZULMAMIŞ NEHİRLER TEK TEK İSTİLA EDİLİRKEN :BİR YANIYLA UYANABİLENLER FIRTINALARIN ÇOCUKLARI GİBİ UYUŞMAMIŞLAR ÖTE YANDA TÜM HÜKMÜYLE YANLIZ YÜRÜYEN DELİKANLININ ADIMLARINIDA SAYARAK SUSKUNLAŞIYORLARDI...

İKTİDARIYLA ÇILGINA DÖNEN KUTSALLIK ARDINA BÜRÜNMÜŞ KARA GÖLGELER BU SUSKUNLUKTAN Kİ ONA KARŞIDA DURARAK ÇIĞLIKLAR ATIYORLARDI DÜŞÜRÜLEN HIRPALANAN IMHA EDİLEN KORUYAN GÜCÜNE ....

DELİKANLI DURDU NE KADAR ÇOK MERMİ YEDİĞİNE BAKMAKSIZIN TÜM OVAYI OLANCA SUSKUNLUĞU VE ORDULARIYLA BİRLİKTE BİR DİRHEM UCUBELERİN ÇILDIRIŞINA BAKARAK SÜZDÜ...O AN ANLAMIŞTIKİ ASLINDA BUNLAR İLK KEZ OLMUYORDU VE YAŞANILANLAR HEP BİR TEKRARDI

.....ÇOK UZAK BİR SESTEN YAKIN BİR GELECEĞE YAZILAN BİR METİYE İLETTİ EN SUSKUNU ....SAĞ ELİNİ TOPRAĞA SÜRDÜ...BAYRAK GİBİ ASILI DURAN KALBİNİ ELDEKİ TÜM ERDEMLERLE DOLDURDU BİLİYORDU ASLINDA OLAN KENDİ SANRISIYDI...UYANDI BEMBEYAZ BİR DUVARDI VE AYNI FLORESAN HEP YANIYORDU...GÖRDÜĞÜ ISLANAN BEDENİNE YANSIYAN TEK KELİME DUYAMAMANIN VERDİĞİ ÖLÜMDÜ....EN ÇOK ÖZLEDİĞİ EN KALABALIK YERİNE HEP KAÇTIĞI ŞEHRİNİN YÜZÜNE TÜKÜRECEĞİ ADAMLARIN OMZUNA VURMASIYDI VE BİR KEZ OLSUN SES VERMESİYDİ....NEDEN BEYAZ YAPARLARDI BU DUVARLARIKİ.....ŞEKİL ALMIYORLAR DİYE GEÇİRDİ İÇİNDE BİR NEHİR YADA BİR DENİZ GİBİ...NE KADARDIR AÇIKTI GÖZLERİ VE NE KADARDIR AYNI ŞEKİLDİ BEDENİ HATIRLIYAMAMAK KADAR

HATIRINDAN ÇIKMAMANIN TEHLİKELİ BİLEŞKESİYLE KALKTI
BEYNİ ZAMANI BEDENİ GÜNEŞİ ÖZLEMİŞTİ ....

Ve yedinci günün sabahında gözlerinde gördüğü güneşin aslında profesörün
gözüne tuttuğu oftalmaskop olduğunu hiç bilmeyecekti.oysaki baygında
uyaranları profesör yaklaşık altı saat önce kesmişti ve en az onun kadar
yorgundu biliyormusun artık her şey güzel olacak eziyet bitti seninle sevdiğin
kadınla karşılaştığın alışveriş merkezinin otoparkında arabanı aradığın mavi c 14
numaralı yerinde uyanacağız .profesör osmanın tüm hikayesini bildiği için ters
giden onu intihara iten sebebin Osman tarafından alışveriş merkezinde
kaybettiği arabasını aradığı süreçten sonra başladığını verdiği randevuya o
yüzden geç gittiğini ve sonrasındaki tüm kayıpların orada başladığını
düşündüğünü biliyordu o yüzden tüm deneyin sonunda ilk uyanışından sonra
oraya götürüp zamanın yeni yüzüyle farklı bir süreci yaşayabileceğini
düşünüyordu intihar duygusunu yenebilirse dostuna yeni hayatına başlayacağı
yeri böyle kodlamıştı.mavi c 14 ikisi arasındaki vedalaşma şifresi olmuştu .hem
ege mavisinin kodlamasıydı profesörde egenin kıyı kasabasındaki bu şehirde
gökyüzünün maviliğini buluyordu bu vedalaşmada.ama sonuçları bir an önce
almalıydı arkadaşı belleğin darmaduman olmuş haliyle tüm bağlantısını
kaybetmişti .güneşi gördüğünü sandığında belleğinin ilk kendi döngüsünde
uyaranlardan kurtulmanın etkisiyle toparlanmaya çalıştığını hissetti.

KAÇINCI GÜNÜYDÜ VE KAÇ ZAMAN KALMIŞTI BİLİNMEZİN
İÇERİSİNDE UMUDUNU YİTİRMEMEK İÇİNYENİDEN BİLDİĞİ
ÖYKÜLERİ TEKRARLAMAYA BAŞLAMIŞTI ....HAYAT OLANCA
DURAĞANLIĞIYLA İLERLERKEN GEÇMEK BİLMEYEN BİŞEYLER
SIRADANLAŞIYORDU GÖRDÜKLERİNİ ENGELLEMEK ELİNDE
OLAMIYORDU

KAPI AÇILDI İLK KEZ TÜM YORGUNLUĞUYLA TEKRAR BİR
UMUTLA BAKTI GÖRDÜĞÜ BİR AN ESKİ BİR DUYGUNUN
YANSIMASIYDI DENİZ KÖPÜRÜYORDU ELLERİNDE KIRMIZI KADEH
BİR KUTLAMA HALİYLE SAVRULUYORDU TÜM HAZİNESİYLE
GÖKYÜZÜ ELİNDE UFACIK BİR MARTI GİBİYDİ ..KUDRETİ BUYDU
HÜKÜMRANLIĞI BU ...İSTEDİĞİ YÖNE GİDEN BİR YOLDU BELKİ BİR
GEMİ ...YELKENLERİ DURGUN HAFİF BİR MELTEM ESİNTİSİNİ
TAŞIYORDU OYSA ALNINDAN SÜZÜLEN KENDİ KANIYDI....

Bilincin bulanık son hayali uyandığında ilk hissettiği huzuru olacaktı.kendinde değildi ve bilinci artık kapalıydı zor süreci atlatan profesör dostunu su yatağı misali özel hazırlanmış uzun süre yatalak hastalarda sırt yaraları oluşmasın diye verilen havalı yataklara benzer hasta yatağına yatırdı.serumlarını beyin dalgalarını ölçtüğü eeg cihazını kalp ritmini takip edebileceği ekg chazını oksijen düzeylerini kontrol edebileceği cihazını parmağına taktıktan sonra hazır besleme soluyonlarını yetecek metabolizma hızında vermeye başladı.böylece deneyin ikici haftasının ilk günü başlamış oldu.osman ın belleğin duygulanımlarla bilinç düzeyindeki savaşı kesilmiş profesörün fiziki savaşı başlamıştı.tüm hafta günde altı saatten uykusunu dört saate çekmek zorundaydı tüm cihazlar alarmlar bir birine bağlanmış bilgiler profesörün deneyin tek hakimi gibi duran belleğine iletiliyordu.

Bilinç altı huzur verici müzik ve sesler Osman ın zihinsel aktivitelerini yönlendirmeye başlamıştı karmaşık süreç daha sıradan ve basit ilerlemeye başlamıştı deneyin ağır kısmı sonuçlanmış bundan sonraki toparlanma süreci başlamıştı. Osman ın sevdiği türden değildi artık sevmediği türden de değildi profesörün verildiği uyaran içeren müzikler ve kokular huzur duyduğunda aldığı ve havaya dönüşmüştü.karmaşık savaş yavaş yavaş tedirgin verici bir durgunlukla yeniden inşa edilmeye başlanmıştı.profesör bu durumun farkındaydı .son güne kadar kaybettiği Paris teki denekte aynı tepkiler içerisinde huzurluydu.tüm sorun uyaranların tamamen kesilip deneğe gerçek dünyaya ait seslerin gelmeye başlamasıyla başlamıştı bunu bildiğinden özellikle gerçek dünyanın seslerinin en doğal olduğu bu çiftliği tercih etmişti .zaruri bir tercih olsa da orda ki başarısızlığın nedenini buna bağlamıştı çünkü sinir ağları belirli kararlılık halinde belleği birbirine bağlıyor ve başta uyarılarla bozulan dengeler belleğin tekrar toparlanabilmesi adına son halinde geldiği karalı halde birbirleriyle daha düzenli ve düzeyli etkileşerek tekrar doğal haline geliyorlar fakat sonuçta bilinçaltı denen insanın kaydedilemeyen yere yazılan bilgiler bilinçte yansıma buluyor buna bağlı kimyasal beyin salgılarıyla mutluluk sağlanmış oluyordu acı veren olayların insana zarar veren etkilerinden kurtuluyordu .doğal ortam seslerinde şayet bu ilkel beyini etkileyecek her türlü doğa dışı üretilmiş ses özellikle son yüzyılın yapay sesleri yeni bir uyaran gibi çalışıyor ve sağlanmış olan bu dengeyi altüst ederek bir ucu beynin kendini kapatmaya kadar giden süreci tetikleyebiliyordu bu en istenmeyen cevaptı o yüzden en ağır şekli ölüm olan bu tepkiyi son gün elde etmeden deneyi başarıyla sonlandırmak ve Osman ın içende bulunduğu ruhsal düzensizlikle başa çıkmasını sağlayacak yeni duygulanımları ona kazandırmak istiyordu.

Artık çok yorulmaya başlamıştı düzeni olarak aldığı verileri kontrol ediyordu ve arada kasılmaların olduğu devreye giriyorlar artık Osman ı bağlamıştı hayalleri ve halisünasyonları bedensel tepkiler verdiği uyur döneme yani deneyin son 3 gününde girmişti burada olan çılgınlık noktasına kadar o güne kadar düşünmediği çapraşık tepkileri rüya halinde beyin kendi kendine uygulayarak yeni düzen kararlılık noktasına ulaşmaya çalışmaktadır.bu kasılmalar ve rüyalar son gün sakinlemekte ve uyanmadan 8 saat önce bitmesi gerekmekteydi yazılan notlarına tekrar tekrar bakan profesör bir yanıyla tıpkı başta verdiği uyarılar gibi son bölümde de tepkileri elindeki çizelgeyle takip etmektedir.

KENDİ CANAVARLARIYLA SAVAŞMAKTADIR UNUTTUĞU ŞEFKAT VE MERHAMET KAN BULAŞMIŞ GÖZLERİNDEN TOPRAĞA OLANCA VAHŞETİ RESMETMEKTEDİR ...TÜM GÖRDÜĞÜ MÜCADELEDEN BAŞKA BİR ŞEY DEĞİLDİR BU KENDİ KORKULARIYLA YÜZLEŞEN BİR ADAMIN HAYALİNDEN BAŞKA BİRŞEY DEĞİLDİR ...ONU UNUTAN TÜM SEVDİKLERİ GELMEKTEDİR NERDE OLDUĞUNU NASIL OLDUĞUNU BULMAYA ÇALIŞIRKEN ELLERİNE VE BEDENİNE YALAN SÖZLERİYLE MÜHÜRLER VURMAKTADIRLAR BU GİRDABIN KENDİSİNDEN SAKINMAYACAĞI BİR ÖZDÜR....VE GİDENLERİN ARTIK HUZURSUZLUĞU KAYIPLARIN YOKLUĞU DUYMADIĞININ FARKINA VARMAYA BAŞLAMIŞTIR....

Deneyin son gününe dek süren kesik kesik devam eden vücut tepkileri ikinci haftanın son sabahında belirsiz anlamsız bir ifadeyle birden bire kesilmişti .o kadar ki sanki bitkisel bir haldeydi tüm veriler normaldi profesör bir ara neredeyse Osman uyan demeye bile niyetlendi bu diğer deneylerinde olmayan bir durumdu biraz erken başlamıştı son deneği gibi birden bire çılgınlık mı yaşayacaktı diye içinden geçirirken sakinleştirici enjekte etti zaten durgun olan Osman gevşer bir halde kendini bıraktı profesör birazda telaş içerisinde denek odasına girdi önce Osman ı kontrol ettikten sonra olası bir kalp masajı için defibrilatörü hazırladı bu arada bağlarını çözdü kalp ritimleri yavaşlamıştı gün kötü geçecekti profesör korkmaya başlamıştı bu durum belki de her deneğe mahsus gelişen bir durumdu bellek her bireyde nasıl özel çalışabiliyorsa uyanma aşamasında yine aynısı olabilir diye düşündü

Ercan Fransızları izlemekten ve neredeyse iki haftadır çiftliğe kapanmış profesörden bir haber alamamış olmanın verdiği gerginlikle kasabanın kahvesinde bir yolcuyu bekleyen kasabalı gibi sıkıntıyla vakit geçirirken birden akşama doğru şu profesörü ziyaret etmeli diye içinden geçirdi.bir bahane uydurup nasılsa tanışmışlardı artık gitmeli diye tekrarladı hem giderken de yanına biraz erzakta almalıydı ki bahane olsun merak etmek ve önceden konuşmuş olmak bilgi almak için yeterli bir sebepti.fakat gitmeden önce son üç gündür göndermediği takip raporunu göndermeli çarşıdan bir şeyler almalıydı .ercan tüm bunları bir saat içerisinde toparlayıp çiftliğe doğru yola çıktığında emniyetin Fransızlardan ve iki haftadır devam eden profesörün çiftliğine kapanma serüveninden haberi artık vardı .nasılsa bugün geri döner ihmal ettiği raporlarına devam ederdi zaten Fransızlar da iyice kasabadan olmaya başlamışlardı gören yer alıp yerleşeceklerini bile düşünebilirdi .çiftliğe giren toprak yola döndüğünde kafasında son görüşmelerinden kalan birkaç cümleyle profesörün onu yadırgamaması için giriş cümleleri hazırlıyordu.

Yağmurun hasretle beklendiği günler gibi sıcak toprak yolda yüzüne vururken ercan artık tatilden sıkılmış görevi biran önce bırakıp İstanbul da sıradan olsa da keyifli karakol günlerine geri dönmeyi düşledi.babasına verdiği söze kendide gülse de yine de uyacaktı ama bunu diğerlerinin bilmesine gerek yoktu.aralıklı toz ve ağaçlıklı yoldan ilerleyerek çiftliğe yaklaştığında ilk sözü de kafasında oturtmuştu elinde kasaba dan aldığı taze yoğurt kırmızı şarap ve şehirden özlediğini düşündüğü kahve ve çikolata dolu bir sepet vardı .üstadım diyecekti ben geldim özledim sizi nasılsınız gülerek buyur edilmeyi çiftliğe vardığında güneşin etkisinin azalmaya başladığı bir vakit olacağını hesaplayıp güneşi beraber uğurlamayı ve akşam sohbetine kalmayı planlamıştı.

Her şeyin ötesinde fransız turist kafilesinin de bu süre zarfında kendi kimliğinin farkına vardıklarını ve bu yüzden de kendini kolladıklarını anladığından kasabadan onların haberi dahi olmadan ayrılmak için uzattığı yolu da hesaba kattığında çiftliğe ulaşmasının iki iki buçuk saati bulacağını hesaplıyordu.

En nihayetinde çiftlik ağaçların arasından göründüğünde tuhaf bir sessizlik ve kimsesizlik hissetti sanki ev boştu .arabayla yaklaşırken kornaya basmaya başladı bir yanda da kafasını çıkarıp sanki profesör karşısından gelecekmiş gibi yüzünde gülümser bir ifade ile ev tarafına bakıyordu.

Deney odasında artık son aşamadaki algı makinasına bağlanacak ve uyandırılacak olan osman diğer makinalardan ayrılmış son derece dikkatli bir şekilde dostu tarafından yalıtılmış ortamdan kayıtların gerçek kimyasal sonuçlarla birleştirilebilmesine olanak veren deneyin son ama en önemli analiz aracı algı makine sına taşınıyordu.tüm bu sessizlik ve profesörün olayın ağırlığından dolayı tedirginliğinin yanında birden olmaması gereken ses ara geçiş kapısının açılmasıyla içeri dolan korna sesi sessizliği yıkan kulakları sağır edecek kadar yüksek bir yankı oluşturdu.algıların doğal algı uyaranlarıyla hassasiyetinin giderileceği makine ya bağlanmadan kesilmesi başlamış olan deneyin tahmin edilemeyecek sürecini başlattığını profesör Paris te ölen hastanın raporlarını okurken anlamıştı işte bu yüzden odaları tamamı ile yalıtmış fakat bu son bölüm için yalıtımda bu geçişin bir kusur teşkil edebileceğini düşünmemişti.profesör bu kusuru fark ettiğin de iş işten çoktan geçmişti.araba kornası yüksek uyaran gurubunda irkilmelere sebebiyet vermiş osman için ani uyanmanın ve zaten savrulmakta olan iç algılarının tümden bilinç düzeyiyle dağınık halde uyanmasını sağlamıştı gördüğü dostu profesörü bir an dehşetli karanlıklar içerisinden üzerine saldıran bir canavara benzetmiş ve elinden kurtulmak için panik içerisinde yumruklamaya ve eline geçirdiği tüm malzemeleri atmaya başlamıştı.her ne kadar profesör maruz kaldığı bu ani saldırıyı anlasa ve zarar vermemek için bastırmaya çalışsa da yapabileceği fazla birşey yoktu durdurulamaz bir korkuyla uyanan ve saldırganlaşan osman profesörü kurtulamayacağı kadar ağır yaralayarak odadan dışarı fırladı. Paris te başlamıştı profesör un hikayesi ve egede eski bir kıyı kentinde sona yaklaşıyordu duvarlarına kazınmış hikayelerinde bu harabe kentin aslında her şeyin o anda gizli olduğunu görüyordu algı gözle beynin mantığa oynadığı bir oyundu gerçekse apaçık ortada duracak kadar yalındı gözlerini son bir kez gökyüzüne çevirdiğinde eski dostu çoktan yeni dünyasıyla gerçeğin bu yalın haline aldırmadan kaçıyordu.dışarı çıktığında güneşin gücünü yitirdiği bir saatte olsa parlaklığı her yeri olağan üstü bir aydınlatmayla kör edecek düzeyde aydınlatan ışığından sakınmak ve gözünü kapatmak zorunda kaldığından Ercan ı göremedi .ercan içerden birden bire fırlayan ve yere kapaklanan devinen gözlerini kapatan bağıran bu adamı daha önce profesörün yanında gördüğünden ve çıplak olmasından bir terslik olduğunu anladı profesörün tehlikede olduğunu sezinlemişti ama bu adam yerden kalkıp kendine doğru geldiğini anladığında gayri ihtiyari beylik silahını çekmiş namluya mermiyi vermişti bile arabayla adamın çıktığı kapı çok yakındı ve çıplak adam üzerine gelen korkunç canavarların saldırısında kendini savunuyordu Ercan ı arabasıyla bir görüyordu arabaya doğru atladığında açık duran kapı Ercan ın elindeki silahın düşmesine yere düştüğünde de ateş almasına sebebiyet verdiğinde silah sesi Osman a ikinci büyük uyaranı vererek bayılmasına sebebiyet verirken kapıyla araba arasında sıkışan Ercan ın yere düşen silahtan çıkan mermi direk kalbine saplanarak anında ölümüne sebebiyet vermişti.

Artık kapı aralığından Ercan ı ve arabanın üstünde baygın vaziyetteki Osman ı gören profesör çok ağır yaralı olmasına rağmen sürünerek te olsa ortamdan çıkmak istemesine rağmen gözlerinde geniş ovasıyla çocukluğundaki vadi onu mücadeleden alarak ruhunu başka diyarlara götürdü.artık çiftlik sıradan sessizliğiyle geceyi karşılarken profesörün başlattığı ama sonunun göremediği deney doğanın kendi kurallarıyla yeni bir yaşam bulmaya hazırlanıyordu gecenin koyu karanlığıyla üşüme hissiyle uyanan adam ne olduğunu farkında değildi neden çıplaktı ve bu araba neyin nesiydi üşüme ürperme ve olayları hatırlayamama onu tedirgin ediyordu içinde hep bir saldırı altında olmaya karşı savunma durumunda durma durumu sanki bir şeyler olacak hissi vardı .çatışma sonrası tek sağ kurtulan olduğunu hisseti kaçmak olduğu ortamdan uzaklaşmak sanki onu içine düştüğü bataklıktan kurtaracakmış gibi göründü.ölmüş olan yerde yatan adamın kıyafetlerini üzerine geçirdi kollarındaki ve göğsündeki bantlardan kurtulup yürüyerek karanlığın içinde yıldızların altında yürümeye başladı düşünüyor fakat hiçbir şey anlamıyordu en son hissettiği tanımlayamadığı duygular onu girdapların içinde sürüklüyordu.yolu takip etmeye başladı karanlıktan aydınlığa sadece yürüyordu.nerede olduğunu ve nereye gideceğini bilmiyordu karanlık yüzüne vuran şaşkınlığı gizlese de içindeki karanlık onu saldırgan bir hayvanın açlığıyla sarıyordu. yürüyordu arada homurdanıyordu neden ve niçinini bilmeden tüm sabit taşları yerinden çıkmış bir kuleye benziyordu yüzünün değişen ifadesi takip edilme kaçma karanlık hepsi bir algı cehennemine sürüklemişti adamı .gece boyunca bitkin vaziyete gelinceye dek yolu takip ederek yürüdü bitkin düştüğünde yolun hemen kenarında bir ağacın altında uyuduğunda kabusun yerini huzurun almasını diledi başı çok ağrıyordu gözlerini yıldızlara çevirdiğinde geçmişte kalan anılarından tutam demetler sanki ona kendilerini hatırlatıyordu .

Yüzüne vuran aydınlığın ve sabahın sesleriyle uyandığında değişmişti korkuyordu sanki bir yerlerden birden bire bir şeyler onu yok etmek için saldıracaktı geceyi de hatırlamıyordu kalktı ve yürümeye devam etti yol onu kasabaya getirmişti açlık ve korku hiçbir şey düşünmeden henüz sabah çorbasını gelen turistlere sunmaya başlamış bir lokantanın dış kapısına yakın bir masasına oturdu gelen garson birazda garipseyerek menuyu uzatarak mercimek çorbası alır mısınız cümlesine geçmişten gelen bir sese uyuyan bir adamın verdiği cevap gibi kafasını sallayarak onay verdi çorba gelene dek gergin ve sinirli gözleri fal taşı gibi çevresindeki insanları inceleyerek bekledi çorba geldiğinde hızlı hızlı yemeye başladı yerken çevresini gözlüyordu düşman hattında kalmış bir askerin iç dünyasına sahipti her an biri bir kötülük yapabilir diye bekliyordu karnı doyduğunda Ercan ın cüzdanından çıkardığı parayı garsona verdi garson hesap istemeden kendine uzatılan parayı birazda garipseyerek aldı bir çay getiriyorum diyerek kasaya yöneldiğinde adam tüm dikkatiyle onu izliyordu algı aşırı uyaranların etkisinden çıkmadığından ortaya çıkan bu gerçeklikte adamı paranoya ve histeriye itmişti para üstü geldiğinde çayı çoktan yarılamıştı.başından geçenlere anlam vermeye çalışsa da hissettiklerine bir anlam veremiyordu tüm dünyanın kendine bir kötülük yapacağı ve yalnızlık hissiyle bilinci yavaş yavaş yerine geliyordu.doktor bir arkadaşının anlattıkları aklına geliyordu soygun amaçlı içeceğine anestezik madde koyulan bir vakası uyanma sürecinde saldırganlaşmış onu sakinleştirmesi çok zaman almıştı kendisini birden bire uyandırılan bir hasta olarak algıladı kendini yorumlamaya çalışırken bu saldırgan ve korku dolu halini düzeltmeye çalışıyordu.çayı bitirdiğinde biraz daha sakinleşmişti yerinden kalktı ve anlamsızca kasabanın sokaklarında yavaş yavaş yürümeye başladı dükkanlara insanlara bakıyordu ilk defa bu kadar kalabalık onu rahatsız ediyordu üstünde Ercan ın kıyafetleri olduğu halde yürüyordu vakit öğleye ulaşmaya başladığında artık yorulduğunun hissetti yeniden kasabaya gelen otobüslerin durduğu meydanda ulu bir çınarın gölgesinde eski bir banka oturdu sıcak iyiden iyiye artmış olmasına ve aşırı terlemesine rağmen üşüyordu.her çıkan sese panik halinde hızlıca dönüyordu.bir kaç dakika geçmeden uzaklaşmak düşüncesi belirdiğinde buna ilerideki otobüslerden birinin muavininin istanbul yolcuları yarım saat içinde otobüsünüz hareket edecektir sözleri etkili olmuştu.yerinden hızlıca kalktı ve doğru muavine giderek bilet istedi cebindeki paranın yetip yetmeyeceğinin önemi yoktu bilet kesildiğinde cebine elini atan ve direk muavinin gözlerine bakan bu tuhaf adam muavini tedirgin etmişti neyse ki Ercan ın cüzdanında yeterince para vardı muavin para üstünü uzattığında adam elindeki bileti garip şekilde gömleğinin üst cebine koymuştu muavin tedirgin olduğu tüm yolcuları kontrol altında tutmak için şoför un arkasına oturturdu adamı da şoför un arkasındaki yere otobüsün kalkışına yarım saat olmasına rağmen oturttu.yolcular yavaş yavaş gelmeye ortalık hareketlenmeye başladığında adamın huzursuzluğu biraz artmasına rağmen yine de ön camdan dışarıyı seyretmeye devam ediyordu içinden ne oldu diye geçiriyordu.gözlerinde korku ve telaş hakimdi ön kapıdan binen yolcuları da fark ettirmeden izliyordu.nihayet şoför yerini alıp otobüsü çalıştırdığında osman rahatladı.huzursuzluğu tekrar uyuma isteğiyle iyice kayboldu yanına oturan yolcuya aldırmadan ve hala geceye çok varken gözlerini kapattı.her şeyin eskisi gibi olmasını diledi üzülebilmek ağlayabilmek beyninden giden her duyguya karşılık olayların hiçbirinin kendinde herhangi bir duygu uyandırmaması ve her oluşan duygunun ya korku yada paranoya olması ayrıca tüm bu durumun her saniyesiyle canlı algısında yer etmesi inanılmaz bir bağla boğuyordu uyurken uyandığında her şeyin eskisi gibi olmasını diledi.kabuslar görmeye başlaması uzun sürmedi.

YANAN ŞEHİRLERİN SAVRULAN GÖZYAŞLARI ELLERİNİ BAĞLAMIŞ KAN GÖLLERİYLE BİRBİRİNE BAĞLANIYORDU HÜCRE TEKRAR VE AĞIR BİR GİRDAP GİBİ DAĞLARINI KOR HALİNDE YAKMAYTAYDI GENÇ VE GEÇ BİR İNTİHAR SARMALARKEN KUTSALİYETİYLE GÖZLERİNDE KOŞAN ATLAR ELLERİYLE KAN İÇERİSİNDE SON MERMİSİNİ TÜKETEN SÖZCÜKLERİNİ TARTIYORDU İRİN AKAN OLUKLARLA BESLENMİŞ LAĞIMLA ÇEVRİLİ BİR ADANIN ÖTESİNDE UMUTLA DİRAYETLE DURUYOR ELİNDE BASTONUYLA TEPELERİNDE DORU ATLARIN GÖZLERİNDEN YANSIYAN ŞAVAŞ ÇIĞLIKLARIYLA HIRSLANIYORDU

Birden otobüsün ani yavaşlamasıyla gözlerini açığında yüzünde kireç gibi bir maske hissetti bir kavganın ortasında kenara çekilmiş gibi hırsla döndüğünde yanındaki adam molaya giriyoruz baya uyudun kardeşim dedi hı hı dese de hala gördüklerinin dehşetli etkisinde rüyayla gerçeği karıştırmış bir ifadeyle bakıyordu.ufak tefek bir şoför koca otobüsü direksiyonun üzerine yatarak mola yerine girdiğinde herkesten önce kendini dışarıya attı doğruca lavaboya yöneldi

Ve ilk işi elini yüzünü yıkamak oldu bir buçuk gündür o kadar badire atlatmasına rağmen ilk defa yüzünü yıkarken bir rüyadan uyandığını düşünüyordu o kimseyi öldürmemişti sadece kötü bir kabustan uyanıyordu aynaya baktığında son gördüğünden çok farklı bir yüz görüyordu hızla yüzünü sildi ve otobüs kalkana dek otobüsün çevresinde yürüdü.

Diğer yanda adam kaderinin kendine çizdiği bu anlaşılmaz müdahalenin etkisini taşırken kasaba da işler farklı yürümüştü .

Fransız turist kafilesi Ercan ın pozisyonunu kendi birimlerinden çoktan öğrendiklerinden profesörün yerini ve davranışlarını Ercan ın gönderdiği raporlardan ve kasaba içerisinde yaptıkları keşiflerden takip ediyorlardı Ercan ın ortalarda olmamasından ve neredeyse üç haftadır profesör ve arkadaşından haber çıkmamasından durumun kontrol altından çıkmaması için çiftliğe gitmeye karar verdiklerinde her şey çoktan zamanın örtüsüne bürünmeye başlamıştı. Çiftliğe ulaştıklarında gördükleri manzara karşısında şok olmuşlardı ortada görünen bir mücadele ve fiziki bir çatışma vardı ve profesör çiftliğin yan tarafında kendi kurduğu ve Fransız ların görünce tanıdıkları deney odasında meslektaşları Ercan ı ise arabasının yanında kapının açık kısmında ölü olarak gördüklerinde telaşlanarak hemen deney kayıtlarını kopyalamaya başladılar bu arada gerekli özel bilgileri aldıktan sonra deneyle ilgili kayıtlarda önemli ayrıntıları imha ettikten sonra kolluk güçlerine haber vererek bölgeden ayrıldılar kendileri için önemli olan deney ve deneyin sonuçlarının bilinmemesi olduğu için denek le ilgilenmiyorlardı artık tüm sonuçları biliyorlardı konusunda uzman kafilenin içinde yer alan profesörün Paris li iki meslektaşı olayın kapatılmasını uygun gördüklerini bildiren raporu hazırlamışlardı gerisi bu ülkenin sorunuydu kaçak durumuna düşen kobay olayları anlatsa bile göstereceği tutarsızlıklar ve kararsızlıklar deneyin etkisiyle olan paranoyalar mutlaka sonucu bir akıl hastanesi olan yola itecekti hatta işin içine iki cinayet girmiş daha da ötesi bu cinayetlerden biri polis cinayeti olduğu için büyük bir ihtimalle vurularak öldürülecekti.fransız ekip İstanbul a oradan da Paris e yola çıktıklarında aslında deney tüm aşamalarını bitirmediğini ispatlamaya çalışır gibi Osman ıda İstanbul a getiren bir süreç yaşanıyordu.profesörün Paris ten meslektaşı üzgündü ve diğer meslektaşıyla konuşarak içindeki burukluğu atmaya çalışıyordu .

keşke askeri projede yer alsaydı bu büyük bir kayıp oldu değil mi diye iç geçirerek uçağın camından dışarı baktı arkadaşı evet aslında projenin babasıydı o olmasa algının aslında bir silah olduğunu fark etmemiz ve onu oluşturan etmenlere yapılacak etkilerin değişmesin bir savaş uçağı yapmaktan ucuz ve daha büyük tahribat yapabileceğini anlamamız mümkün olmazdı.kısa bir sessizlikten sonra evet haklısın ama ben kendisine bir iki konferansta özellikle algının askeri alandaki öneminden bahsetmiştim ama ısrarla o psikyatr da devrim yapacağından bahsediyordu ve asla yanaşmadı ama kaliteli bir doktordu ne yapalım diyebildi uçak kendi halinde ilerlerken hala iki profesöründe kafasında uzunca bir süre vicdanları ve iç dünyalarında yer edecek çelişkileriyle mücadele başlamıştı tek bir gerçek vardı bu türk profesörü ömürlerinin sonuna dek unutmayacaklardı.elde ettikleriyle bir bireyi değiştirebilen sürecin toplumsal etkilerini tıpkı tuğla yapmayı öğrenen bir insanın duvar örebilmesi daha ilerisinde ise bina yapabilmeyi başarması gibi toplumsal mimarilerde kullanacaklardı.deneylerin sonuçları aslında toplumsal yönlendirmelere bakışıda biraz daha genişletmişti her şey ön hazırlık aşamasıyla başlıyor uygun uyaranları doğru zamanlarda vererek gerekli travmalar oluşturuluyor sonra da istenilen sonuca ulaşılıyordu burada önemli olan sonuca giden uyaranları olabildiğince doğal haliyle sunmaktı daha ötesi bu deneylerde öğrendikleri bir sonuç ise şayet farklı bir uyarı deney sonuçlanmadan etkilerse tüm bu etkilerin sonucu ya ölüme yani toplumun sahip olduğu tüm değerleri yok etmeye yahut ta tamamı ile paranoya ve korkuyla bir yaşama dönüşüyordu. tüm uçak yolculuğunda bulguları değerlendiren bu iki bilim adamının gerçeği aslında sonuçların sivillerin eline geçme ihtimaline karşı Fransa nın da bağlı olduğu askeri birleşmenin bir plan çerçevesinde kurban olarak ortadan kaldırılacağıydı .gerçek yine kendini olanca açıklığıyla ortaya sunarken gerçekleri algı maskeleriyle kapatarak toplumsal bağımlılıklar yaratan ve bundan insanlığın karanlıkta kalmasından çıkar sağlayan hüküm sahipleri yine iktidarlarını sürecekler ve zenginlik içerisinde yaşayacaklardı .hatta bu durum sistematik bir askeri operasyon olarak çok ileri zamanlarda anlatılacaktı.insanlık doğal düşünce yapısında saplandığı bu korku ve paranoyadan yaşadığı travmaların etkisinden çıkabilmek için uzunca bir süre devinimini durduracaktı.öncelikle bu deney sonuçlarıyla toplumsal dinamikler bir araya getirilmiş hedeflerle duyarlı ve duyarsız alanlar tespit edilmiş muhtelif senaryolar çalışma gruplarında uzunca bir süre prototip olarak elde saklanmış ve hedeflenen toplumlar üzerinde kullanılmaya devam edilmişti.

Tüm bu başlayacak süreçlerden habersiz Fransa ya inen kafile aynı güneşin altında İstanbul a ulaşan Osman gibi yüzünü güneşe çevirerek yeni bir güne başlamanın huzuruyla bir oh çektiler.

İstanbul da ne yapacağını bilmiyordu bu yüzden gökyüzüne doğru başını kaldırmış yüzünü güneşte gözlerini kapatarak birkaç dakika durdu .neden ve nasıl bilinmez ama kabus dolu bir gece daha uykusuzlukla karışık bittiğinde aklına yıllar önce kaptan bir dostunun Olimpos, Çıralı girişinde korsanların soyduğu Eudemos'un lahit üzerindeki bir yazı aklına geldi bu son iki günde aklına gelen en uzun cümleydi ve ilk duyduğundaki hayranlıkla duyduğu hüzün artık sıradan bir duygu gibi geliyordu.

''Son limana girdi demirledi gemi-çıkmamak üzere- çünkü ne rüzgardan ne de günışığından yarar var artık- ışık taşıyan şafağı terk ettikten sonra Kaptan Eudemos - oraya gömüldü- gün misali kısa ömürlü- gemisi kırılmış bir dalga gibi'' evet son liman diye yineledi aklından geçen dizeyi ve kalabalığın içerisinde yürümeye başladı otogardan çıkarken ayakları yıllar önce çocukluğundan tanıdığı kışın pazarlara çıkıp sebze meyve satan yazın karpuzculuk yapan bir dostuna doğru götürdü. Diğer çocuklarla kavga ettiklerinde azar işitmemek için ikisi kaçar saklanırlardı o zamandan birbirlerine sözleri vardı kaçak olurlarsa yine bir gün koruyacaklardı birbirlerini diye aslında bu dostluklarını daimi kılan bir sözdü hiçbir vasıtaya binmeden şehrin varoşu sayılan ama hızla gelişen bir semtinde karpuz tezgahı olduğunu bildiği dostuna doğru kararlı ve hızlı bir şekilde ilerlerken ne kendine çarpan kalabalık ne şehrin gürültüsü hiçbir şeyi umursamıyordu.sığınma duygusu ve kaçak duruma düşme düşüncesi takip edilme hissi birleştiğinde çocukluğundan çıkıp gelen bu dostu elbette ona kucak açacaktı.

Hafızası yerine gelmeye başlasa da hafızasında üzüntü veren olaylar korkunç bir boşluk ve yaşanmamışlık duygusuyla korkuyu doğuruyordu.bu yaşadığı deneyin bir sonucu olmalıydı.üşüme ürperti şeklinde havanın olanca sıcaklığına rağmen onu ara ara sarıyordu.

Her yerde aranmaya başlaması çok uzun sürmedi emniyet büyük bir hırsla özel ekip kurmuş İstanbul a geldiğini çoktan öğrenmişti henüz yarım saat bile olmamasına rağmen İstanbul a gelmesi otogarın tüm çıkışlarının tutulması ve aramaların başlaması an meselesiyle gecikmişti ne olduğunun ve neyin sebebiyet verdiğinin önemi yoktu çünkü ortada iki cinayet vardı ve daha önemlisi bir polis memurunu öldüren bir cani olarak ekiplere bilgi geçilmişti.

Dostuyla karşılaştığında orta halli gariban 5 çocuklu bir aile babası olan karpuzcu onu çok sıcak karşılamasına rağmen Osman daki değişimi hemen fark etmiş ve sorularını ardı ardına sıralamıştı uzun zamandır görüşmemişlerdi nereden baksan en son o da telefonla hal hatır soralı 4 yılı geçmişti neyse ki karşılaşmışlardı konuşmalar Osman ın soğuk ve gergin haline rağmen arkadaşının sıcak haliyle fark ettirmeden geçmişin izlerini taşımaya başlamıştı.arkadaşı başının dertte olduğunu sezinlemiş bir yandan da ailesini bu işin dışında tutmak isteyerek ondan dükkana bir hafta kadar göz kulak olmasını rica etti o da bu sürede yıllardır ertelediği memleket gezisini yapacaktı aslında yeğenini yetiştirmişti Osman sadece göz kulak olacak karpuz tezgahının ardına kurulu çadırda kalacaktı böylece gizlenebilecekti.osman bu teklife hemen olur diyerek yanıt verdi yıllardır görüşmemelerinin acısını kurdukları karpuz peynir sofrasıyla giderirken de başından geçen olayın ardında bir cinayetin olduğunu söylemiş oldu.gecenin ilerleyen saatlerinde yeğenini bırakan adam evine giderken adamın içi bir az olsun ısınmıştı.bu süre kendini tam olarak toplamasına yeter diye düşündü.arkadaşının bu kadar çabuk tezgahı ona bırakması biraz garip gelse de adamın yeğeni işi biliyordu .gece yarısından sonra yeğeni de tezgahı kapatıp giderken adam karpuz çadırının içinde yanlız başına kaldı .dışardan gelen sesler onu huzursuz ediyordu tıpkı deney odasına girmiş gibi hissetmeye başlamıştı bu duygudan kurtulmak için çadırın kenarından bulduğu bir aralıktan dışarıyı izlemeye başladı bekleyen taksiler konuşmalar polis arabaları çevirmeler sabah kadar süren adamın hiç bir şey düşünmediği

İlginç alışverişlere şahit olduğu her şeyi korkunç bir kötülük kabusuna dönüştürdüğü bir geceydi karpuz tezgahının bir yanında minibüs durağı bir yanında küçük bir klinik vardı minibüsler gece yarısından sonra kaybolmuşlar sabahın ilk ışıklarıyla bildik gürültüleriyle günü başlatmışlardı klinik gece nöbetçilerinin çekilmesiyle gece yarısı kapanmıştı ama o taksiler inenler binenler varoşun yokluğundan türemiş meslekler polisler sabaha kadar gözetlediği yere adamı adeta mıhlamıştı .minibüslerin sesleriyle zaten saldırı altında hissettiği bedeni bir an olsun kendinden geçti.

LEŞ KOKUYORDU LAĞIM BİR YANI BOĞULAN KELİMELERİNE CİNNET ŞEKLİNDE SARILIYOR KIYIDA BEKLEYEN SANDALA YÜREĞİNİ FIRLATARAK İLERLİYORDU BÖYLE OLMAMALIYDI KAHKAHALARIN ŞENLENDİRDİĞİ NEONLARIN YANSIDIĞI YÜZÜNDEN DÜŞEN KENDİ KANINDAN ATEŞLERDİ.MASUMİYETİ BOZULMAMIŞ TOPRAKLARIN BAKİR BUĞDAYLARI SAVRULMASINI BIRAKMIŞKEN FIRTINANIN BAĞRINDA KENDİNİ ŞEHİRLERİN METROLARININ KURDELELARINA SABİTLEMEYİ GÖREVMİŞ GİBİ CİNAYETLERE TANIKLIK ETMEYE HİÇ YOKMUŞ GİBİ BACAĞINDAN YERE DÜŞMÜŞ ÇAKISINI RESMİ SÖZLERİN YASAK SÖZCÜKLERİN KALBİNİ SÖKMEYE ADAMAMALIYDI HÜCRE ONU BOĞARKEN AŞKINI KARŞILADIĞI MODERN ZAMANLARIN SABİTLENMİŞ KÖY PAZARLARI ALIŞVERİŞ MERKEZLERİNİN OTOPARKINI AKLINA ÇİVİ GİBİ AKILMIŞTI ARABASINI KAYBETMEK DÜRTÜSÜ ARABAYI MAVİ C 14 TE BIRAKMAMALIYDI GÖZLERİNDE İNTİKAMIN YANIK DUMANI EĞİLDİĞİNDE BERRAK SUYA YİNE KAN KAN KAN GÖRÜYORDU

Abi rahat uyuyabildin mi diye seslendiğinde karpuzcunun yeğeni güneş neredeyse öğlene yaklaşıyordu ağırlaşmış ter kokusu ve boğucu bir kabustan uyanmanın gergin haliyle eyvallah diyebildi .yakınlardaki camiye gidip elini yüzünü yıkadı birazda peynir alarak geri geldiğinde karpuz tezgahı da tam olarak açılmıştı tüm günü gecenin etkisinde yoldan geçenleri bekleyen taksileri izleyerek geçirdi bir kaç kez çıkıp ortalığı serinletmek için camiden aldığı suyu sağa sola serperek tezgahın çevresini temizleyerek ve yaklaşan çocukları kovalayarak geçirdi her an saldırıya uğrayacak başına bir hal gelecek duygusuyla huzursuz ve rahatsız geçirdi oturduğu tabureden çevreyi izlemesi bile Osman ın dikkat çekmesi için yeterliydi. Dostu telefon açıp memlekete aslında daha önceden planlandığı belli olan seyahatine başladığını yeğeni vasıtasıyla ileterek rahatına bakmasını söyledi akşamın telaşı şehrin bu varoşuna dökülmeye başladığında kalabalığın sakladığı korkunç sırlar adamın gözlerine doğmaya başlamıştı esrar satıcıları kadın pazarlayanlar içiciler hırsızlar bunların bazen peşinde polisler adamın ruhunu iyice derine itmeye ve yaşadığı sürecin bir sonucu gibi karanlığa çekmeye başlamıştı.

Yandaki kliniğe ne gelen şen şakrak bir nöbetçi doktor önce personeli vasıtasıyla karpuz aldırmış daha sonra da dikkatini çeken bu adamla boş vaktinde muhabbet kurmak amacıyla yanına gelmişti.selam verdikten sonra hal hatır sormuş havadan sudan muhabbetten sonra adamın gözlerine yansıyan iç dünyasını görmüş içinde bulunduğu durumu sezinlemişti aşırı paranoya ve duygu durum bozukluğu hali içinde bulunan bu adam diğer rastladığı psikytr vakalardan başkaydı kendi durumunun sanki farkındaydı. katılaşan bir kalbin tepkileri mekanikleşen ve otomatikleşen bir beynin bir hayal dünyasındaki çarpışmasına sahne olan bir gerçekliği vardı gerçeklik demişti çünkü algıları değişmiş gerçeği bu şekilde yorumluyordu.algı ve gerçeğin en uç noktalardaki iz düşümleri üzerine kurulu ve dünyaya adeta hazırlıksız doğmuştu.doktor olmanın verdiği ön sezilerle adamın bir kaçak olduğu ağır suç işlemiş olduğu düşmanlarının olduğu bir kaç kez ölümle burun buruna geldiği ve uzun zamandır bu durumda olmasından iç dünyasının değiştiğini düşünmüş olsa da hastalıkları dışında insanları yargılamadığından pek fazla üstelemedi.personelin acil bir hasta var hocam uyarısıyla kliniğe geri dönen doktor adamı fazla kurcalamamayı düşündü .o gece beklenmedik bir sakinlik vardı personelle muhabbette olan doktor bir yandan da uzaktan karpuz tezgahını izliyordu b kavşakta beklenenin dışında bir hareketlilik sezdiğinde bir şeylerin ters gittiğini anladı .ürkmüş bir canlı gibi dikkatlice çevreyi kolaçan eden adam çevrede minibüs durağında ve yolcuların arasında beliren sivil polisleri fark edemiyordu günlerdir uykusuzluk ve yorgunluk gerginleşen dünyasında dikkatini olanca hızla dağıtmıştı.gece nöbeti bırakmak üzereyken birden bire bağrışmalar ve bir kaç el silah sesi duyduğunda doktor eyvah dedi kendi kendine daha çantasını kapatmıştı ki kargatulumba bir adamın bir kaç polis tarafından acil odasına adeta atılarak bırakıldığını gördü doktor bey müdahale edin ambulansa haber edildi sözleriyle o gece nöbetçi hemşire gelmediğinden nöbete kalan tecrübeli gündüz hemşiresiyle acil odasına girdiğinde adamın karnından kurşun yarası aldığını ve ölümcül bir durumda hala kendinde olduğunu gördü .acil protokollerin tamamını hızlı bir şekilde uygulamaya başladı direk komutlar veriyor ve hemşire hızlı bir şekilde uyguluyordu yaşamsal fonksiyonları ayakta tutabildiği kadar tutmak daha uygun ve ileri bir yaşam destek ünitesine sevk haline getirerek gelecek ambulans ekibine hastayı salimen vermek tek hedefiyken bir den adam doktorun kolunu tutarak fısıldar bir sesle fazla vaktim kalmadı doktor kesin öleceğim çok şükür artık acıyı hissediyorum dedi neye uğradığını şaşıran ve böyle bir tepki beklemeyen doktor atlatacaksın dese de bilmiyorsun doktor ben en yakın dostumun ölümüne ve az önce polis katili diye bağıran bir polisten öğrendiğim gibi bir polisin ölümüne sebebiyet verdim korkma burda güvendesin dese de adam susamış gibi aralıksız son nefeslerini konuşmak için tüketiyordu burnuna takılan oksijeni serum takılması için kelepçeden ayrılmış eliyle çıkartarak dur işareti yaptı çok hızlı kan kaybediyordu ve ambulansın gelme süresini daha önceki çağrılardan 18 dakika olarak ölçmüş acil doktoru bu şartlarda adamın öleceğini hissetmeye başlamıştı tüm gücüyle adamı ayakta tutmaya çalışsa da artık adamın son isteğini dinlemesinin vaktinin geldiğini anladı bu acil protokolün de yeri olan bir durumdu hemşireye son hazırlıklar için defibrilatörü ve bir kaç ilacı çekip hazırlamasını söyledi içerdeki polis bir pisliğe bakar gibi bakıyordu ve ağzından çıkan her kelimeyi not etmeye çalışan diğer meslektaşına bir mermide ben sıkacağım der gibi imalarda bulunuyordu doktor polislerle adamın arasındayken aynadan gördüğü bu durumu gölgelemek için eğildi geçecek dedi tüm bunları ben istedim ölmeyi zaten istiyordum profesör olan ahmet dostumla şarköyde karşılaştığımızda son tatilimi yapıyordum doktor inan olayların bu duruma gelebileceğini hiç düşünmedim şimdi yaşamak istiyorum ama dünya çok karanlık ve kötü görünüyor algılarımı ahmet ege deki babasının at çiftliğinde yaptığımız deneyle verilen uyaranlarla değiştirdi sonrası da korkularla çevrili büyük bir hapishanede buldum kendimi çiftlikten kaçışımı ve nedenini bilmiyorum dostumun bana son kez bakışını görüyorum polismiş gelen arabada ki bilmiyordum zaten fark etmezdi de şuuru kapanmaya başlayan adam soğuk terlerle ölümün insan bedenine işaretlerini vermeye başladığında ambulans nerde kaldı diye bağıran doktor yolda geliyor diye içerden cevap geldi içerisi polislerle dolmuştu adam sayıklamaya başlamıştı artık dünyayı algılarla yönetebilirler gerçekleri gizlemek için bir silah tıpkı soğuk katı ve nedensiz mücadelelerin içerisine nasıl girmişsem toplumlarda kendine yabancılaşarak gerçek dünyalarından ötede hayaller algılatılarak yaşatılabilir bu uyarıların bir sırası var ahmetin notlarında son sözleri buydu ahmetin notlarında doktor olanca gücüyle mücadelesine birden bire refleks olarak geri döndü doktorlara mahsus bir özellikti artık sıradanlaşan ama zaruri durumlarda sırası asla bozulmayacak bir düzende hayat kurtarma zinciriydi adrenalinler defibrilatör ard aradına verilen şoklar gelen ambulans ekibininde katılmasıyla neredeyse bir saati bulacak yorucu bir çalışmayla ölüm saatini deneyimli acil doktoru tarafından ilan edildi . içeriye kargatulumba getirilmesinden yanlışlıkla kırmızı yerine mavi kodu veren personelin c odasına aldığı hasta aslında 14 dakikada ölmüştü fakat acil doktoru ölğm saatini bundan tam bir saat sonra ilan etmişti savcı çoktan gelmiş ambulans ekibinin çıkmasıyla içeriye girmişti.acil doktorunun bitkin suratına ve ölen yaralının donuk haline bakarak dikkatinizi çeken bir ihbarda veya itirafta bulundu mu bitkin halde her hasta kaybettiğinde depresif bir hal alan acil hekimi bozuk bir suratla maalesef sadece iki cinayeti de kazayla işlediğini olayların böyle olmaması gerektiğini söyledi savcı ısrarla yineledi nereden geldiğine nasıl olaylar olduğuna ve niçin bu cinayetleri işlediğine dair bir şeyler söyledimi hayır dedi savcı gerekli otopsinin yapılması için adli tıpa cesedin götürülebileceği talimatını polislere verirken doktora dönerek kliniğin ön adli raporunu yazarak polislere teslim etmesini ve pazartesi günü savcılığa ifade için gelmesini söyleyerek olay yerinden ayrıldı .bu arada doktor dağılan karpuz tezgahına doğru bir sigara yakmak için dışarı çıktı raporu bir beş dakika kendini topladıktan sonra yazarım diye düşünüyordu tam bu sırada karpuzcunun yeğenide olayı duyarak gelmişti polislerin onuda tutuklamasını beklerken savcı bey gitti pazartesi günü yanına amcanla gider ifadenizi verirsiniz cümlesi duydu acil doktorunun kulaklarında adamın yakalanmasında çocuğun ihbarı olduğu süphesini uyandı ama ses etmedi sonuçta her ihbarcı kendi vicdanıyla muhasebesini yapar diye düşünüyordu. Karpuz tezgahı polisin delil toplamasından sonra kapatılacaktı belli ki çocuk yarın yine bu tezgahı hiçbir şey olmamış gibi diğer esnafla kendini haklı çıkaracak şekilde muhabbetler edip yeniden kuracaktı hayat her daim devam ediyor diye içinden geçirdi ve morali dağılmış ekibini topladı polislerinde dışarı çıkmasıyla personelin getirdiği adli vaka formunu doldurmaya girişti.aslında raporad a yazılacak fazla da bir şey yoktu.tüm olay hiç beklenmedik bir şekilde gelişmişti .evine giden doktor hala olayın etkisindeydi adamın sözlerini düşünüyordu ve kendi açısından en uygun ifadeyi kafasında toplamaya çalışıyordu.hasta kaybetmeyi hiç istemiyordu ama maalesef olmadık vakalar hep bana geliyor diye düşündü . insanların ve olayların karşılaşmasını tuhaf bir şekilde birbiriyle ilişkilendirme huyu yine onu dürtmeye başlamıştı .bir sebep olmalıydı belki de karpuzcudaki bu adamı gözlemlememiş olsa diye içinden geçirdi yani tanışmamış olsa hiç konuşmamış olsalar selamlaşmasalardı da acaba yine aynı şekilde etkilenirmi diye düşünmeden de edemiyordu.bu düşüncelerle uyudu .böyle zamanlarda fazla ısrarcı olmadan olayların üstünden bir gece geçmesi ve yeniden değerlendirme yapması daha iyi oluyordu sağlıklı sonuçlar çıkarabiliyordu bir yandan da hiç sevmediği mahkeme salonlarına bir kez daha gitmesi ve neler söyleyeceğini daha sağlıklı toparlaması için tüm bilgileri kliniğin sahibinden ertesi günü almalıydı.

Geç kalkma huyundan olsa gerek ancak öğleden sonra arayabildi zaten Pazar günüydü klinik sahibi tüm bilgileri almıştı karpuzcunun eski bir ahbabıymış zorda kalınca birbirlerine destek olurlarmış polis İstanbul genelinde arama takip yaptığından ona gelirken mobese ye takılmış sonra yeğenini sivil polisler sıkıştırınca o da konuşmuş ve bilgi vermiş iki cinayetten ki biri polis cinayetiymiş aranıyormuş ve diğeride adamın en yakın dostu bir profesörmüş adam egeden gelmiş profesörün bir çiftliği varmış zaten adli raporu verdiğimizden diye klinik sahibi konuşmasını sürdürüken doktor o zaman bizim için bir sıkıntı yok diyerek görüşmeyi sonlandırdı içinden savcı yarın ne sorabilir ki diye de geçirmeden edemedi.

Ne sorarsa söyleriz sonuçta olayın bağlayan bir yanı yok diyerek aslında kafasında adamın söylediklerinin oluşturduğu şüphenin izlerini taşımaya başlamıştı bile

Pazartesi eski bir alışkanlık olarak doktor mahkemeler ve savcılar için aldığı takımını giydi oldum olası sevmiyordu adliye koridorlarını bu yüzden avukat olmayı aklından bile geçirmemişti yine de yolu ara ara bir sebepten adliyeye düşüyordu savcının karşısına geldiğinde oldukça sevecen karşılandı hoş geldin doktor bey geçmiş olsun diyen bir yüz ifadesi vardı oldukça deneyimli orta yaşlardaki savcı gülümseyerek raporunuzu vermişsiniz fazla vaktinizi de almıyacağım benim de acelem var diyerek merak ettiğim o gece operasyondan önce şahısla konuştuğunuz dikkatimizi çekti ve son anında da yanındaydınız size özel bir şeyler söyledimi bir an duran doktor beklemediği bu soru karşısında evet konuştum ama bu benim huyumdur çevrede ilginç bir şeyler olunca insan tanımak adına konuşurum ve karpuz satamayacak kadar değişik bir tip gibi geldiğinden muhabbet kurdum sayın savcım dedi son anlarında da bir profesörden kazayla cinayet işlediğinden polis olduğunu bilmediğinden bilse de farketmeyeceğinden bahsetti bunun haricinde başka bir diyeceğim yoktur dedi anladım diyen savcı yanındaki yardımcısına ifadeyi yazdırmaya başladı fakat profesörden deneyden ve cinayetleri kazayla işlediğini yazdırmadı son sözlerinin anlaşılamadığını gerekli raporların polise verildiğini yazdırdı doktora dönerek fazla kurcalamaya gerek yok sonuçta olay kapandı diyerek görüşmeyi sonlandırdı .

Bu kadar kısa süre bile adliye de kalmak doktor için yetiyordu dışarı çıktı ve arabasına giderken ofisini arayıp yolda olduğunu randevulu hastalarını bir saat sonraya atmasını asistanına söyleyerek bir sigara yaktı.

Peki diyordu ne oldu şimdi acaba işte acaba sorusu olayı karıştırıyordu olay gazete haberi bile olmamıştı.

Adamın söylediği şu cümle savcının olayı kapatmasıyla doktorunm kafasında dönüp durmaya başladı : ''dünyayı algılarla yönetebilirler gerçekleri gizlemek için bir silah tıpkı soğuk katı ve nedensiz mücadelelerin içerisine nasıl girmişsem toplumlarda kendine yabancılaşarak gerçek dünyalarından ötede hayaller algılatılarak yaşatılabilir.''

Evet yabancılaşma algı yönetmek evet üç kelime nasılda birbirini çekiyor daha birkaç ay önce bir sebebten üzerinde çalıştığı subliminal etkilerin insan davranışlarına etkisi kişinin toplumuna toplumun kendine geçmişine ve geleceğine yabancılaşması ucu bucağı açık bir devasa bir konuolarak büyüyerek düşüncesinde yeni düşünceler oluşturur halde devam ediyordu düşündükçe açılan pencereden görünen dünya varlığıyla hissettiği ama anlamlandırmada zorlandığı bir hale geliyordu ya yalansa her şey demeye başladığında ofisine gelmişti

Bekleyen hastalarına baktıktan sonra çalışma odasına geçmeden önce kendine gülümseyerek hayatın akışına bırakırken hiç bilmediği ve sadece algıları yönetenlerin toplumları şekillendirdiğine tanıklık etmenin yabancılaşmanın ötekileşmenin soğuk duygusuz ve katı bir halde nasıl cinnete yol açtığını görmenin ötesinde bir makale yazıp konuyu kapattı .aradan yıllar sonra yine bir cumartesi günü haberleri izlerken şoka giren toplumlardan bahseden bir tartışma programında aklına ölen karpuzcunun arkadaşı geldiğinde kendisininde yaşadığı dünya da kendisine sunulan algıların kurbanı olduğunu anladığında gerçekliği tartışılacak romanı tamamlanacaktı.

Gözleri bağlı olanlar sadece karanlığı gördüklerinden beyinlerinde mücadele isteğiyle yaşama tutunurlar peki ya beyinleri bağlı olanlar ne yaparlar düşünmeden edemiyordu etkileşimde bulaşan soru hala sivillerin hayatında tartışma konusu olsa da kan gölüne dönen dünya bu konunun çok çalışılmış bir arenası olarak toplumları robotlaştırmaya devam ediyordu.deney kendini var eden koşullarla sorgulanırken acı tüm dehşetengiz haliyle çocukların gözlerinden dünyayı aydınlatmaya çalışmaktadır dünyayı aydınlatmaya çalışan tüm algılarının kölesi olmayanlara.....